庶民金融論

消費者金融を理解するために

片山隆男
神木良三
杉江雅彦 編

萌書房

はじめに

　近年，消費者金融会社のオーバープレゼンスが各方面から指摘されて久しい。不景気な世の中で消費者金融会社のテレビCMが派手であるとか，消費者金融会社からの多重・多額債務者が急増しているとか，そのための自己破産者が増加の一途を辿っているとか，消費者金融会社を狙った強盗が増えているとか，様々な出来事が良きにつけ悪しきにつけ，新聞・雑誌・テレビ等のマスコミを賑わせている。

　しかしこれらの現象を裏返すと，消費者を対象とする金融業が国民生活に浸透し密着してきたこと，および消費者の金融ニーズの大きさを物語るものであり，さらには銀行・信金等の既存金融機関が生活者からの預金吸収に努力しても，生活者が必要とする急場しのぎの融資を軽視してきたことを裏書するものといえよう。そして消費者金融業の収益性が高いとみるや，大手金融機関は子会社を設置して事業展開をしたり，消費者金融専業者と資本提携・事業提携を試みたり等の動きをみせている。

　このような傾向を背景として，書店には消費者金融に関する社会的問題を多角的に取り上げた書物が山積されているが，その多くは消費者金融会社のサクセスストーリーであったり，逆に多重・多額債務者を生み出した元凶へのバッシングであったりする。しかしながら，消費者金融そのものについての体系的かつ総合的な研究書は，現在までのところ残念ながら僅少にとどまっているのが実態である。ことに一般の消費者が書店で容易に入手しうる市販の最適な啓発的書籍が見当たらないといっても過言ではないと思われる。

　そこで消費者金融に関する社会のエキセントリックな状況を懸念したわれわれは，先ず片山隆男大阪商業大学副学長を座長とする研究会（メンバーは執筆者全員）を立ち上げ，庶民金融に関する体系的な研究に着手した。庶民金融という用語は，いささか古色蒼然とした，またかつては，庶民は下級階級と同義語として用いられ，中・上流階級に対する差別的語感さえある言葉を敢えて書

名に用いたのは，消費者金融という現代に不可欠の金融システムの歴史的存在として，近代日本で機能していた事実を認識したからである。本研究会の活動は，定期的に開催された研究会でメンバーの報告を討論する形で進められたが，研究会が着実に成果を上げえたのは，消費者金融サービス研究学会がこの共同研究の意義を認められ，さらには消費者金融サービス研究振興協会が共同研究助成金を交付され，叱咤激励を頂戴したからであることを記して感謝したい。

さて本書を簡単に紹介しよう。本書は2部により構成されているが，各章の要旨と執筆者は以下のようになっている。

第Ⅰ部 庶民金融の歴史と思想
第1章 わが国における庶民金融の源流（担当：神木良三）

本章では，まず「庶民金融」なる用語の定義を考察する。「庶民金融」といい，「消費者金融」というが，どこにいかなる相違があるのかについて検討する。次いで庶民金融の原型というべき質・質屋と無尽・頼母子を取り上げる。質のルーツである出挙は神事から被支配階級への金融として発展したが，貨幣制度の流入に伴って高利貸しである借上が金融業として発生し，さらに質屋の原型である土倉制度の出現をみるに至る。しかし質屋は室町幕府の税制度と徳政令によって衰退し，平和が戻った徳川時代に本格的な発展を遂げるのである。相互扶助の目的から始まった無尽・頼母子は社寺への参詣や寄進から始まり，制度的には鎌倉時代と大差がないまま，明治時代を迎える。金融の相互扶助は理想的なテーマではあるが，制度としては成立・維持が難しい金融システムである。二宮尊徳が説いた報徳運動の実態が意外に高利であったといわれている。

第2章 中世ヨーロッパの庶民金融──高利貸の弾圧から公益質屋の出現まで──
　　　　（担当：杉江雅彦）

本章では，ヨーロッパの（というより世界の）庶民金融の出発点は中世期のキリスト教会である，との理解から稿を起した。もちろんキリスト教は，中世以前から存在していたが，ヨーロッパにキリスト教を国教とした統一国家（神聖ローマ帝国）が成立したのが中世期であり，この時期にローマ教会の力は頂点に達した。キリスト教は貧しい者の側に立ち，富める者は貧者を救済するこ

とが義務とされた。なかでも，教会から独立した共同体である修道院は，祈りと修行と並んで生産や施しなど社会的活動も行う，聖俗両界にまたがる機関だった。この修道院が行った貧者救済が，やがて公益質屋の誕生につながったのである。これが庶民金融の始まりであると考える。イタリアに生まれた公益質屋はヨーロッパ中に広がり，やがて公益質屋の中から銀行（特に貯蓄銀行）が誕生した。現代ヨーロッパにおいてもキリスト教倫理観は生き続けていて，人々は他人から借金すること（つまり貧者になること）を恥じる気質を共有している。そこから，消費と貯蓄をバランスさせる生活感覚が生まれたのである。ヨーロッパに日本やアメリカのような大規模な消費者金融業が発達しにくい理由のひとつがここにあるといってもよいだろう。

　第3章　相互扶助精神からみた庶民金融のあり方（担当：伊東眞一）

　本章では，借金とは善か悪かということを，十如是という仏教の智慧や光転・暗転という智慧を用いて考察し，借金は善でも悪でもあり，それを決定するのは借り手に任されているということを最初に明らかにした後，借金を善に運ぶためのキーワードとして「相互扶助」という精神から，貸し手と借り手の行動について概観している。その例として，二宮尊徳の五常講や沖縄の模合，また無尽講や頼母子講を考察し，庶民金融を成立させる基本理念として「相互扶助」がいかに重要であるかを明示している。さらに，昨今，庶民金融は消えいく存在として論じられることが多いが，その理由として「情報」をキーワードとして考察し，たしかに「情報」という視点からは庶民金融は衰退していくであろうが，それでも「相互扶助精神」は，地域金融機関や消費者金融業者に受け継がれていることを明らかにしている。

　第4章　庶民金融・質屋の役割とその変遷——第2次大戦後を中心として——
　　　　（担当：片山隆男）

　本章では，（私営）質屋は信用組合，信用金庫および無尽講などと並ぶ庶民金融機関であり，無産者・下層階級を対象として小口で短期の貸付（動産担保貸付）を行う機関であるとして，論旨を展開している。その歴史は古く，彼らの生活を支えた代表的機関であるといってよい。明治期，庶民に対する金融を円滑に行うために市町村，公益法人によって公益質屋が，また中小産業者の保

護策として信用組合,さらに時代を経て信用金庫が設置されたが,これらは私営質屋とともに地域経済を支える金融機関でもあった。しかるに第2次大戦後の急激な社会変化によって庶民金融機関は変貌を余儀なくされる。特に私営質屋は戦後急速にその件数を増やすが,耐久消費財の普及などに伴う消費生活の変化によって庶民金融としての役割を急減させる。それに代わって消費者ローンと呼ばれる無担保金融が消費者対象の金融機関として台頭する。その経緯を明らかにするとともに,理解を深めるために戦後零細質屋の実相を解説した。

第Ⅱ部　消費者金融会社の今日

第1章　消費者金融専業者の発展とその背景——その成長の秘密を探る——

　　　（担当：中泉康人）

　本章では,消費者金融専業者成長の原動力として,この業界は金利競争が働かない市場であり,高収益を生む利鞘構造になっていること,元来,恒常的に存在する庶民金融の潜在需要を確認し,専業者が本源的機能を向上させることによって顕在化させたこと,成熟化した市場で生き残るため補完的機能を充実させたこと（ここで重要なことは,消費の拡大に寄与したのが,カードの発行増大による販売信用の拡大である。さらに,クレジット利用の拡大は必然的に消費者金融専業市場の拡大に結びつき,消費者金融専業者の成長に寄与したが,特に急成長の要因は若者世代の比重が大きく,第1次ピークは団塊世代が,第2次ピークは団塊ジュニア世代が成長に寄与した）,最後に,他業態との競争に勝ち残るため銀行と提携することで,本源的機能をさらに拡大させたこと,を取り上げて検討した。

　このように,消費者金融専業者は時代の流れを的確に捉え,その時代のニーズにあった機能性の高い商品を常に消費者に提供してきたところに成長の秘密が隠されている。その意味では,それぞれの時代で人々のくらしに密着し,そのニーズに応えてくれた専業者こそがまさに庶民金融の担い手であるといえる。

第2章　消費者金融会社の株式上場効果——流動性を中心に——

　　　（担当：外島健嗣）

　本章では,消費者金融会社の株式上場効果を,株式の流動性を中心に分析している。消費者金融会社は長年,商品先物会社やパチンコ会社と並び社会的地

位の低い会社であったが，そのような会社が株式上場市場を変更することで，当該株式の流動性にどのような効果があったのかを考察したものである。社会的地位が低ければ，投資家の投資対象にはなりにくく，その結果，いくら大きな市場へ上場してもその効果は限定的だと考えられる。本章では，まず消費者金融会社の上場への軌跡を整理し，次に実証分析を行っている。分析の結果，株式市場変更後，過半数の銘柄で流動性が向上し，その大半が継続して流動性が向上していると確認した後，上場市場の変更により，多くの投資家が投資対象にしたということは，消費者金融会社の社会的地位向上の証であると指摘している。最後に，消費者金融会社の社会的地位向上に向けたさらなる対策の必要性が論じられている。

第3章　消費者金融債権の証券化について——第3の資金調達手段として——
　　　（担当：柳井香織）

わが国における資産の証券化は，90年代以降関連法が整備されたことを弾みに活発化してきている。証券化は，従来の企業の信用力を判断基準とする調達方法とは違い，証券化対象資産の信用力を基準に資金調達を行う方法であるため，新しい資金調達手段として様々な企業が活用を始めている。こうした動きを背景に，わが国の消費者金融会社の間でも，証券化を利用して資金を調達する業者が一部出てきているものの，証券化が調達手段として定着している米金融会社に比べてその規模は依然として小さい。わが国の場合，その資金調達は銀行借入を中心とした間接金融に大きく依存しており，リスク管理の観点から調達手段を多様化する必要性や今後の金利・経営環境の変化への対応策として，証券化は検討に値する調達手段になるかと思われる。

本章では，消費者金融会社における証券化を利用した資金調達の可能性を確認した上で，銀行借入や社債発行といった従来の調達手段に加わる第3の資金調達手段として，証券化が活用されていくための課題について検討を加えるものである。

上述したように，本書は消費者金融サービス研究振興協会から賜った研究助成の成果報告であるが，さらに最近の出版事情の劣悪な環境を配慮されて，消

費者金融サービス研究学会から消費者金融サービスに関する学術図書として認定され，消費者金融サービス研究振興協会から出版助成を頂戴した。記してかさねがさねのご配慮に謝意を表したい。

2005年5月

編者一同

目　　次

はじめに

第Ⅰ部　庶民金融の歴史と思想

第1章　わが国における庶民金融の源流 ……………………… 5
はじめに ……………………………………………………………… 5
1　庶民金融に関する諸概念 ……………………………………… 6
　1-1　庶民とは何か（6）／1-2　庶民金融の特徴（8）
2　庶民金融生成発展の歴史的背景 ……………………………… 9
　2-1　律令国家「日本国」の成立（9）／2-2　平城京・平安京への遷都と律令政治の瓦解（11）／2-3　摂関家の確立と鎌倉幕府の樹立（14）
3　質・質屋の起源と変遷 ………………………………………… 16
　3-1　出挙の性格──神事から金融へ──（16）／3-2　大宝令以降の出挙制度の主要な変遷（17）／3-3　庶民金融と大社寺（19）／3-4　借上──高利貸の発生（20）／3-5　質屋の起源──土倉制度（21）
4　無尽・頼母子講の起源と変遷 ………………………………… 23
　4-1　無尽・頼母子講の起源（23）／4-2　無尽・頼母子講の類型と仕組み（25）
おわりに …………………………………………………………… 27

第2章　中世ヨーロッパの庶民金融 …………………………… 31
　　　──高利貸の弾圧から公益質屋の出現まで──
はじめに …………………………………………………………… 31
1　中世における庶民の生活 ……………………………………… 32
　1-1　贈与とお返しの人間関係（32）／1-2　実物経済から貨幣経

済へ（34）／1-3　富者による貧民救済（36）
　　2　金貸しとキリスト教会……………………………………………39
　　　　2-1　キリスト教会による金貸し弾圧（39）／2-2　ユダヤ人金貸しが辿った運命（41）／2-3　スコラ哲学の経済観・貨幣観（43）／2-4　経済価値観の転換と煉獄の誕生（45）
　　3　修道院の活動と庶民金融……………………………………………48
　　　　3-1　修道院とは何か（48）／3-2　修道院の社会活動・貧民救済（50）／3-3　修道院は公益質屋の元祖（52）
　　4　ヨーロッパにおける庶民金融の伝統………………………………54
　　　　4-1　公益質屋の展開（54）／4-2　公益質屋から貯蓄銀行へ（56）／4-3　結び（58）

第3章　相互扶助精神からみた庶民金融のあり方……………63
　　1　借金とはいかなるものか……………………………………………63
　　　　1-1　借金に対するイメージ（63）／1-2　十如是という智慧（64）／1-3　光転と暗転（65）／1-4　借金の十如是（66）／1-5　借金は善か悪か（72）
　　2　相互扶助精神…………………………………………………………72
　　　　2-1　相互扶助論（72）／2-2　二宮尊徳の五常講（73）
　　3　庶民金融と相互扶助精神……………………………………………77
　　　　3-1　沖縄の模合（77）／3-2　頼母子講および無尽講（79）
　　4　庶民金融は廃れていく存在なのか…………………………………80
　　　　4-1　金融における情報の重要性（80）／4-2　ディスクロージャーの問題（82）／4-3　庶民金融は本当に消滅してしまうのか（85）

第4章　庶民金融・質屋の役割とその変遷………………………89
　　　　――第2次大戦後を中心として――
　　はじめに……………………………………………………………………89
　　1　社会政策と庶民金融…………………………………………………90
　　　　1-1　信用組合，信用金庫（91）／1-2　公益質屋（92）

2　第2次大戦後の質屋……………………………………………………95
　　　2-1　なぜ第2次大戦後か（95）／2-2　朝鮮戦争と経済復興（96）
　3　消費革命………………………………………………………………97
　　　――消費社会の生成と成熟化――
　　　3-1　耐久消費財の普及（97）／3-2　クレジットシステムの普及
　　　（100）／3-3　質屋から古物商へ（102）
　4　質屋の業務，役割とその変化………………………………………103
　　　4-1　質屋の業務（104）／4-2　質屋の役割と変遷（105）
　5　戦後零細質屋の実相…………………………………………………106
　　　――理解を深めるために――
　　　5-1　戦後の経済発展と質屋（106）／5-2　零細質屋の終焉（112）
　おわりに……………………………………………………………………113

第Ⅱ部　消費者金融会社の今日

第1章　消費者金融専業者の発展とその背景……………………119
　　　　　　――成長の秘密を探る――
　はじめに……………………………………………………………………119
　1　消費者金融専業者の利鞘構造………………………………………121
　　　1-1　好業績の背景と利鞘構造（121）／1-2　上限金利規制（122）
　　　／1-3　大手業者と中小業者（123）
　2　消費者金融専業者の発展……………………………………………125
　　　2-1　成長の軌跡（125）／2-2　成長の要因（126）／2-3　市場の
　　　成熟化（128）
　3　消費者金融専業者の成長の秘密を探る……………………………128
　　　3-1　潜在需要の存在（128）／3-2　本源的機能の向上（136）／
　　　3-3　補完的機能の充実（138）／3-4　本源的機能の拡大（140）
　おわりに……………………………………………………………………142

第2章　消費者金融会社の株式上場効果……………………………147
　　　　　　――流動性を中心に――
　はじめに……………………………………………………………………147

1　消費者金融会社の株式上場の軌跡……………………………152
　2　株式市場変更の意義……………………………………………154
　3　消費者金融会社の証券取引所上場の流動性効果……………155
　　3-1　分析方法（155）／3-2　分析データ（157）／3-3　分析結果（158）
　おわりに……………………………………………………………159

第3章　消費者金融債権の証券化について……………………163
　　　　　──第3の資金調達手段として──

　はじめに……………………………………………………………163
　1　貸付債権の証券化……………………………………………164
　　1-1　証券化の意義（164）／1-2　証券化の仕組み（166）／1-3　証券化のメリット（168）
　2　消費者金融会社と証券化……………………………………170
　　2-1　消費者金融会社の資金調達（170）／2-2　証券化を利用した調達の可能性（173）
　3　消費者金融債権の証券化……………………………………175
　　3-1　証券化スキーム例（175）／3-2　証券化関連コストと収益（177）
　4　調達手段として定着するための課題………………………178
　　4-1　投資家層の拡大（178）／4-2　市場インフラの整備・拡充（179）／4-3　消費者金融業者に係わる法的制約への対応（180）
　おわりに……………………………………………………………182

　　　　　＊

おわりに………………………………………………………………187

庶民金融論
――消費者金融を理解するために――

第 I 部
庶民金融の歴史と思想

第1章　わが国における庶民金融の源流

はじめに

　金融取引は資金調達と資金運用の2面から成り立っている。経済セクターとしての家計部門は貯蓄超過部門であり，通常可処分所得から消費支出を控除した残余が貯蓄となる。金融論では，家計が耐久消費財のような高額商品を購入する場合は資金の借入れ（調達）を行うが，日常生活では不時の支出に備えて資金を貯蓄（運用）すると説明している。しかし，家計部門に属する経済主体としての個別家計がすべて貯蓄を保有しているわけではなく，近年では貯蓄をまったく保有しない世帯も相当数に達しているといわれているから，個別家計の金融取引が資金運用を含まないことも，現実にはありうる。
　わが国の金融システムが確立した現代では，金融機関の性格も変貌している。例えば，庶民金融機関として例示されてきた信用金庫，信用組合は，中小企業金融機関と位置付けされており，かつての無尽会社は相互銀行を経て普通銀行（現実には第2地方銀行として区別されているが）として活動している。庶民が余資運用，一時的な貯蓄をした金融機関が庶民金融機関と区分されたとしても，その金融機関が庶民の大切な受入れ資金を確実に運用するため，資金を貸し出す先は庶民中心ではない。庶民が利用する郵便貯金でさえも貯金者に僅少額を貸し出すのみで，大部分は国債の購入に充てられているのが現状である。したがって既存金融機関に資金の受入れから貸出しまでを庶民階級を中心とした庶民金融機関の性格を備えたものはなく，庶民金融機関という概念は，現代の金融理論を取り扱った書物の中には存在しないといっても過言ではない。
　本書のテーマは庶民金融に関する研究であるが，庶民が行う金融取引では資

金運用よりも資金調達に関係する諸問題こそ解明すべきテーマなのである。今日における消費者金融会社の急成長がそのことを裏付けているといえよう。そのような意味で，本章では消費者金融の源流ともいうべき庶民金融を鳥瞰することとしたい。以下では，1に庶民金融の諸概念を検討して，2では庶民金融が伏流水から源流を構成するに至る時代背景を論じ，3では庶民金融の源流の1つである出挙(すいこ)の草創期から質屋の形成までを考察し，4では源流の他の1つである頼母子・無尽講の出現と仕組みを論じることにしたい。

1　庶民金融に関する諸概念

1-1　庶民とは何か

　上述したように，「庶民金融」という概念が今一つ明確ではないように思われる。「庶民金融」といい，「庶民金融機関」という言葉はあるにはあるが，現代では死語化して「消費者金融」が多く用いられている。庶民金融が庶民を対象にする金融であるとか庶民金融機関のユーザーが庶民であると定義しても，それで「庶民」の内容が明確であるかといえば，そうでもない。そこで最初に「庶民」の概念を明確にしておきたい。一般的な用法によれば，富裕階級に属さない人たちを「庶民」と一括りにすることができるが，その中には中産階級と称される日常の経済生活に比較的ゆとりがある消費者も含まれる。ことに高度経済成長期以降は，国民意識の総中産階級化が定着したから，一層「庶民」概念が拡散し，霧消したように思われる。ただ歴史的にみた場合，上中下層階級に区分した場合の中層階級に属する生活者は，本質的に「庶民」という一般的な概念にそぐわないといえよう。

　そこで「庶民」概念を明確にするため，漢和辞書で「庶」を検索すると，[会意]として①ごった煮，③もろもろ，ゆたか，③正嫡ならざるものとあり，国語辞典によれば，「庶民」は①一般の民衆，人民，②貴族などに対して身分が普通の人々，平民とある。要するに，庶民は一般の民衆，貴族の対極にある存在の意のようである。しかし，「庶民金融」が中小企業者，勤労者などに対する資金の貸借とされ，信用金庫，信用組合，高利貸し，質屋，サラリーマン

金融などがこれにあたると説明されると[3]，金融システムが確立した現代では，信用組合や信用金庫は中小金融機関と位置付けられており，また普通銀行を利用する一般の生活者は庶民に該当しないような混乱に陥る。

　また当然のこととはいえ，「庶民」の概念が時代によって異なった用い方がなされている。例えば，日銀が行った調査[4]によれば，庶民を下層階級者と位置付けている。「……本邦ニ於テハ未ダ完全ナル庶民金融機関ノ制度ナク，普通銀行ハ主トシテ中産者以上ノ階級ノ機関タルニ過ギズ，下層階級者ノ金融機関トシテハ質屋並ニ高利貸ノ存スル……」と述べ，普通銀行は中産者以上の人々が利用する金融機関と分類している。これに対して，前田[5]では，所得税納税資格のない人たち（全人口の96.97%，全戸数の87.68%）を，例外を除いて庶民階級とみるべきであるとし，さらに納税者であっても月収200円程度（大正末期の金額）にすぎないものはだいたいにおいて庶民階級であるという。農家についても土地所有者の84.74%は年収200円足らずの庶民階級に属しているとしている。このような戦前期の定義に対して，佐藤[6]では，幕末当時の近江商人，江戸町・村名主，頭百姓，宮大工，地下医等が書き残した日記を「庶民が書き残した」と形容しており，上掲国語辞典にいう「身分が普通の人々」を庶民と規定している。しかし，日記を書き残すような人々は身分が普通であっても，幕末ではむしろ中産階級に属していたと考えられるから，その時代の庶民とはとうていいえまい。

　身分制度がない現代的用法では，一般的に「庶民」とは普通の生活水準で暮らしている人々を指すと思われるが，庶民金融機関のユーザーである「庶民」を指す場合は，広義にすぎて明確性を欠く恐れがないとはいえない。そこで本書では，以下の各章において用いる「庶民」は，ストックの有無を考慮せず，フローを基準にして収入区分が下層に属する生活者を意味するものと定義しておく。現代風にいえば「貯蓄のない世帯」（平成15年現在全世帯の21.8%が貯蓄のない世帯といわれる[7]）が「庶民」の中核であり，年収500万円未満の階層が庶民金融機関を利用している主な人々（平成15年消費者金融利用者の年収は500万円未満が調査対象者の59.3%を占めており，利用者の平均年収は469万円〜484万円）[8]である。

1-2　庶民金融の特徴

　庶民金融といえば庶民が消費生活や零細事業の運転資金等の必要に迫られて行う資金調達をいい，積極的な資金運用を意味しないことはすでに述べたところである。そもそも庶民が資金的に余裕を持ったとしても，せいぜい零細な金額にすぎないから，それを対象とした資金吸収機関は明治維新までは存在しなかった。明治政府は殖産興業政策を推進するに際して，庶民に勤倹力行思想を普及させてその零細資金も動員すべく，貯蓄銀行（庶民階級に貯蓄を奨励し，利殖を図るとともに資金が必要になった場合に預金額・給付金額を限度に融通するもので，複利による預金の受入れ，1回10円未満の預金受入れ，定期積金制度等を提供した。──明治10年貯蓄銀行条例）や郵便貯金（1人1ヶ年預入額10銭以上100円まで，預金総額500円までの制約があった。また，明治7（1874）年制度創設当初は単に貯金といい，同13（1880）年には駅逓局貯金と改称，同20（1887）年に郵便貯金と改められた）を創設した。

　庶民が資金調達の必要に迫られた場合，それに対応する庶民金融は，①借入れ手続が簡単であること，②小口貸出しであること，③比較的長期貸付であり，低利であること，④賦払いによる返済が可能であること，の4条件を充足することが望ましいとされる[9]。しかし民営機関にこの要件を求めることは至難である。民営の庶民金融機関が貸出金利を低利にすることは，その経営の健全性を確保できないことは自明である。庶民金融の低利貸出しは歴史的にも古代から公的機関が行ってきたし，社会政策的にも公的制度が求められる所以である。

　ところで，庶民が資金調達を行う場合に利用可能な方策は，何がしかの物的担保を提供して信用力を補完し資金の融通を受けるか，庶民間で僅少な資金を提供しあって，相互扶助に依存する方法しかない。前者に属するのが質草──担保──を提供して必要な物を借り受ける資金調達であり，後者に属するのが仏教に起源をもつ無尽(むじん)・頼母子講(たのもしこう)である。まず「質」の語源を漢和辞典で探ると，「二斤〔手おの〕を以って鼎側に銘刻を加える意で，重要な契約や盟誓の辞などを記した。これを質剤〔契約書〕という。①なる，なす，さだめる，……，⑥かる，抵当物を入れてかる」とある[10]。また国語辞典では「①契約を履行する担保として物を預けること，またはその物で，イ約束の保証として預け，

違約のときの償いとするもの，ロ借金の担保として預けておくもの，ハ質屋から金を借りるための担保，または担保として質屋に渡す物品」とある[11]。また頼母子は憑子とも書くが，国語辞典では「金銭の融通を目的とした民間互助組織。一定の期日ごとに講の成員があらかじめ定めた額の掛金を出し，所定の金額の取得者を抽選や入札などで決め，全員が取得し終わるまで続けるもの。鎌倉時代に成立し，江戸時代に普及した。明治以降農村を中心に広く行われた」という[12]。さらに無尽とは仏教用語で「尽きることがないこと。融け合って互いに妨げにならないこと（円融無礙）。あらゆるものが主体であることと客体であることとが矛盾せず，融通無礙であるとする。尽きることのない財宝を有する蔵を無尽蔵といい，無限の功徳を有することの比喩として用いられる。また寺中に金銭を蓄えて，人に貸し，複利法によって利息から利息を生み出し，それによって三寶の用に供するものを無尽財といい，中国では長生銭或いは庫質銭といった。日本で一般に行われている無尽講もこれに由来する」とある[13]。

2 庶民金融生成発展の歴史的背景[14]

2-1 律令国家「日本国」の成立

　日本国成立への第一歩は，645年，大王舒明の子中大兄王子や中臣鎌足がクーデタを起こし，本格的な中国風の国家確立へ向けて動き出したことであるといわれている。翌646年大王孝徳は本格的な国家体制の確立を目指す方針を述べた改新の詔（その中で，質の起源といわれる貸稲の記述がある）を発した[15]。大王天智の死後，子大海人王子は「壬申の乱」を経て673年即位して大王天武となり，大化の詔に宣言されながら未だ真に実現していない本格的な国家体制——公地公民制，官僚制と食封制，公民からの租税徴収制度等——を一挙に実現しようとした。畿内中心の本格的国家は完成の最終段階を迎えていたが，天武は686年実現をみることなくこの世を去った。政務を掌握した天武の大后鸕野讃良王女（690年即位して持統天皇となる）が689年浄御原令を施行し，同令により「倭」に代わる国号として「日本国」，大王に代わる王の称号として「天皇」，「皇后」，「皇太子」が制定された。しかし，日本国自体は人民に対す

る厳しい支配を貫こうとする古代帝国的性格を持ち，社会の中には租税を納められず，債務等のために奴隷に身を落とす人たちの動きが大きな問題として表面化し始めていた。また，班田，租税の徴収，兵士動員の基礎台帳となる「庚寅年籍」が完成するが，これは50戸一里とした戸籍であり，各里ごとに1巻ずつ作られ，6年に1回作成されることとした。持統天皇は697年孫の軽皇太子に譲位したが（文武天皇），上皇として政務を完全に掌握し，刑部親王，藤原不比等などに命じて新律令の編纂に着手した。これが701年に完成・施行された大宝律令である。

大宝律（刑法）は唐の強い影響を受けていたが，儀礼・儀式の体系，行政組織，租税・労役，官人の服務規定等を規定した大宝令は，日本国の実状に多少とも適合したものにされていたという。さらに，従来口頭でなされていた命令や報告を文書で行う文書主義を採用した。統一的な文字・文書によって運営される律令制が日本国に定着していったが，天皇の下で官庁を統括した太政官（畿内の有力な氏の代表で構成される合議機関）と官僚組織が国家を運営していった。官僚には平民からも国家試験によって登用される建前であったが，実際には5位以上の官僚には特権によって子孫が成年に達すると自動的に位が与えられる（蔭位の特権）ため，平民から官僚になる道はきわめて狭かったという。6位以下の有位者，位階を持たない平民，特別な職能民集団などが良民とされ，その他に人口の10％程を占める「五色の賤」と差別された官戸，陵戸，家人，公奴婢，私奴婢がいた。

大宝律令による日本国を財政的・軍事的に支えたのは，田地を基礎とした租税・土地制度であったといわれる。後述するように，そこに租税である稲の貸借（出挙＝質の原型）が明文化されることになるが，6歳以上の良民・官戸・公奴婢の男子には2反（1反＝約300坪），女子にはその3分の2，家人・私奴婢には良民の男女の3分の1が口分田として与えられたが，口分田の売買は禁止され，死者のそれは公収されていた。公民に配分された口分田では，1反につき2束2把（収穫の約3％）の租が賦課された。口分田を与えた後に残った田地は，国司が1年ごとに百姓に賃貸しして，収穫の5分の1を地子として徴収した。地子は土地の所有者が開発した土地自体が生み出す子として，収穫

物の一部を徴収するものである。日本国の律令制度は基本的に田地を基礎とした土地制度・租税制度であった点に大きな特徴があった。

地方では、都から派遣された国司が班田、徴税、財政、軍政、司法権、管内の寺社の管理や祭祀等の大権を任されていた。畿内における天皇を中心とする支配者の権威と権力を小規模にした機関として、国府が設けられた。しかし、中央政府からの派遣官僚である国司がこれらの大権を行使して任地を統治するためには、土着の有力者である職員に依存しなければならず、郡司や里長等の力を借りなければならなかった。それにも拘らず、日本国は都や畿内の貴族・官人と各地域の首長との間に著しい差別を設けた畿内中心の国家であり、国制実現のために平民に重い負担を強制し、移動の自由を抑制した。それだけに各地域社会の必然的な反発を潜在させていたのである。

2-2 平城京・平安京への遷都と律令政治の瓦解

8世紀、天災や疫病が続いて社会的不安が醸成される中で、藤原不比等の政府は人心の一新を図るべく、710年平城京へ遷都した。政府は陸田の耕作を奨励して農業基盤の拡大に努め、大宝律令を修正した養老律令を制定する等の努力をしたが、日本国が内包する矛盾が強圧によってはとうてい抑えられないことが明白になり、逃亡平民に対する禁圧を緩和せざるをえなくなった。不比等は自らの政策が破綻する中で世を去り、後を継いだ不比等の4子を中心とする政府は、729年の班田に際して口分田の再分割ともいえる強行策を実施したが、社会の反発が強く、諸国には盗賊や海賊が出没した。これに対して政府は、浮浪人・病人の施設として施薬院や悲田院を設ける等の宥和策を取る一方、社会の動揺を軍事力で鎮圧する方向に進んだ。

しかし、735年頃から流行し始めた天然痘が京都に侵入し、737年藤原氏の4人や政府要人が罹病してほとんどが病死した。そこで後を受け継いだ光明皇后の異父兄にあたる橘諸兄は739年にかけて政府の陣容を整えつつ、各地で目立つようになってきた貴族・富豪による私出挙を禁止して、貴族・官人の姿勢を厳しく粛正する一方、大宰府や東北等の一部を除き、諸国の兵士をすべて郷里に留めるという平民の負担軽減策を大胆に実施した。また諸兄は位階を地方

の有力者に与えて献上物を促し，国衙財政の支柱である正税出挙を維持するため，諸国に公廨稲の制度を設け，一定の稲を出挙して，それを国司の給与に充てることにした。これによって財政は多少の好転をみるが，その運用を国司に委ねたことが，その後租税の徴収を国司に請負わせる方向に道を開き，国司制度の変質をもたらすこととなった。

　781年即位した桓武天皇は，都を山背国乙訓郡長岡へ移し，さらに794年同国葛野郡宇太へ移して平安京と名付けた。桓武天皇は度重なる遷都による平民の負担軽減を考慮して，班田収受の法を励行する等内政に注力した。しかし，新都の造営は遅々として進行せず，親族・縁者を重用する一面を持った桓武天皇の政治に貴族達は反発し始め，東北の征服を意図した戦争も決定的な勝利を得ないままに終わった。桓武の後を受けた平城天皇は即位後僅か3年で弟の神野親王に譲位し，809年嵯峨天皇が即位した。嵯峨天皇以後の弘仁期は宮廷が安定し，繁栄をみるようになるが，それは動き出した時代の現実，社会と文化の新動向を積極的に容認することによって得られたといわれる。具体的には大宰府管内の9カ国に大規模な公営田を設定し，地域の有力者にその経営を委任して平民に耕作させ，その収穫を租・庸・調や出挙の利稲に充てて収入を図ろうとした。また天皇家自体が各地に大規模な勅旨田，氷室，薬園等を設定したが，王臣貴族，寺院もこれらの動きに呼応して荘園拡大に努めたから，かえって庸・調の未進を拡大させることになった。

　9世紀後半になると，宮廷はいつしか頽廃の徴候をみせ始めた。842年嵯峨天皇の死を契機に天皇家に政治的対立が生じるようになり，858年清和天皇が9歳で即位すると太政大臣藤原良房が天皇に代わって政務を総覧することになる。さらに866年良房は正式に摂政の地位に就くが，天皇自体の立場がこれまでの天皇と異なり，幼児がそのまま天皇になることを可能とするような変化を遂げたといえる。良房が872年に死去すると，甥である藤原基経はその地位を継承したが，彼の力で皇位に就いた光孝天皇はすべてをまず基経に諮ってから政治を行ったので，事実上の関白が実現した。さらに887年光孝天皇の子宇多が即位すると，国政に「関白（あずかりもう）」す権限を基経に与える詔を発した。太政大臣の職務としての関白が設けられたのである。これらは間もなく

起こる国家機構の転換の前兆となっていく。

　宇多天皇以降では，公卿の合議体の役割が弱体化し，重要人事は天皇とそれに代わる摂政が掌握する傾向が顕著になってくる。かくして律令に規定された官庁の統属関係が解体され，官司請負制の前提が形成されていくのである。また窮迫してきた財政を改善するため，中央へ進達する庸・調等の貢物の収納を国務担当の官長（受領）に請け負わせる制度に転換した。官長の中には，請負制度を利用して自己の富の蓄積に専心する者や収納に手段を選ばない者も出るようになり，国司と郡司や地域の有力者・富豪と衝突する者も出てくるようになった。9世紀後半には日本国の国家機構は，財政，軍事をはじめあらゆる面で瓦解する危機に直面するに至った。班田はほとんど行われず，国司は律令の規定によることなく国例（諸国の事情）に即した方法で徴税し，また成人男子に賦課されていた庸・調と正税出挙は，田地を基準に賦課された。地方の有力者や富豪の中には，中央官司と結び付いて国司の徴税を拒否する人たちも多くなり，彼らの衝突が頻発するようになった。

　897年宇多天皇は醍醐天皇に譲位したが，上皇として国政に影響力を保持しようとして，醍醐天皇に対してすべての政務を藤原時平と菅原道真を通して行うことを命じた。時平は延喜の改革といわれる広範な改革に乗り出すが，彼自身は短命で死去し，その後は律令風政治復帰の方向は追求されることなく王朝風政治へ移行し，国司への徴税・軍事の委任，請負制度が完全に軌道に乗っていくことになる。醍醐天皇の時代になると，政府は班田の実施を完全に諦め，国図（国衙が保有する土地台帳）に記載された田地に基づいて課税するようになった。このため租・庸・調や正税等の貢納物は量的に固定することになった。さらに政府は徴税権，国内の検田権，裁判権を国司に委任し，貢納物の徴収を完全に請け負わせることにした。広範な権限を委任された国司は，諸国の実情に即した独自な徴税方法を実施するようになっていく。930年醍醐天皇は幼児の朱雀天皇に譲位して死去し，幼帝を補佐するために藤原忠平が摂政に就いた。天皇の代替わりとともに，社会全体，各地域は騒然とした状況に変貌していった。

2-3 摂関家の確立と鎌倉幕府の樹立

　967年村上天皇が死去すると冷泉(れいぜい)天皇が即位した。しかし冷泉天皇は長く皇位に止まることができず，その後継者をめぐって藤原氏と源氏との間に暗闘が展開されることになった。清和源氏の満仲の子供たちは摂政・関白である藤原氏との関係を強化していくが，失脚した武者たちは東国に豪族として根を張っていく。豪族たちは，広い地域の徴税を請け負い，その中で出挙等によって平民を支配し，債務を負った平民を駆使して営田を行った。出挙と営田を通じて莫大な富を蓄積した彼らは，東国独自の製鉄等にも関わり合いを持ち，河海交通を掌握する等，広域的に支配を及ぼした。

　京都では冷泉天皇の後を11歳の円融(えんゆう)が継ぎ，競合する他氏がいなくなった藤原氏の人たちの間では摂政・関白をめぐって権力闘争が繰り返された。勝利した藤原兼家(かねいえ)は摂政となったが，これによって摂政は太政大臣と分離し，令制の官職を超越する最高位の職であることを明確にした。しかし，兼家が死去した990年以降は，その子らが再び対立・競合を繰り返したが，996年決着が付いて藤原道長が事実上の関白となり，真の意味の「摂関時代」が始まった。圧倒的な実力と地位を保持するようになった道長・頼通(よりみち)父子は，摂関家を天皇家と並立するよう家政組織を充実させ，多くの受領たちは自己の勤務評定を有利にするため，競って道長の造営する数多の邸宅や寺院に財力で奉仕したといわれる。

　道長・頼通父子の主導する宮廷は一応の安定を保ったが，国政の中枢を掌握する貴族たちは国司・受領らに国内の支配を委ねてすべてを請け負わせた結果，各地域の生きた生活から次第に遊離するようになった。一方，河内源氏や伊勢平氏は摂関家や天皇家と緊密に結び付き，京都の護衛にあたるとともに受領に任命されて富を蓄積していった。各地域によって異なるものの，全般的な傾向として，国守―受領は直属の郎従を中心に「国の侍」として国内の有力者を組織した。1027年道長が死去すると，それを契機として停滞していた国政が動き始める。その翌年房総半島を支配する平 忠常(たいらのただつね)が反乱を起こしたが，これは国守―受領の支配構造が豪族の力を無視しては維持できなくなったことを意味した。東国だけでなく，各地で国守―受領と豪族の衝突，豪族同士の紛争が多発するようになり，受領の不法を朝廷に訴える各地の郡司や百姓，神官・僧侶の

動きも活発化した。

　1156年鳥羽上皇が死去すると，京都を中心とした諸勢力は二分され武力衝突することになった。「保元の乱」では，武将の力によって政権の行方が左右される結果となり，時代の転換を人々に知らせる事件となった。さらに1158年後白河が二条に譲位すると，宮廷は二条天皇派と後白河上皇派に分裂し，さらに源義朝と平清盛が対立，緊迫化して，翌年「平治の乱」が起こった。この乱に敗退した源氏は衰退して，清盛率いる伊勢平氏の武力が政局の動向に大きな影響を持つことになった。平氏一門の覇権は西日本のみならず，東国諸国にも及び，政権は完全に平氏の手中に握られた。しかし，清盛率いる平氏の権力が頂点に達した途端，重大な危機に遭遇することになったのである。大寺院が従来の対立を超え連帯して京都襲撃を計画し，後白河上皇の次男以仁王が諸国の武士に平氏追討のための蜂起を呼び掛けたのである。以仁王の令旨に応じる反乱は東国で激しく燃え上がり，源　頼朝はほぼ関東を支配下に収めて，本拠を鎌倉に置いた。

　1185年平氏は滅亡し，日本国の治安を請け負う武士の棟梁としての立場を確立にした頼朝は，1192年後白河上皇が死去すると，関白九條兼実が政局を主導する中で征夷大将軍に任じられた。しかし1199年頼朝が死去すると鎌倉の動揺が早くも表面化した。北条時政に代表される有力御家人たちは頼朝を継いだ頼家を廃して源実朝を後継者とし，幕府の実権は時政が掌握するところとなった。頼朝の妻北条政子は尼将軍といわれた実力者であり，その権謀術策を通じて，北条氏は着々と権力の基盤を固めていった。しかし後鳥羽上皇は次第に鎌倉幕府に対抗するようになり，直属武力として北面の武士に加えて西面の武士を設け，さらに大寺院の武力にも影響を及ぼそうとした。1221年後鳥羽上皇は北条義時追討の命を諸国の武士に発したが，政子の呼び掛けに応じた東国の御家人たちは大軍を結集して京都へ進軍した。日本国を東西に二分した「承久の乱」はあっけなく東国軍の完勝に終わったのである。

3 質・質屋の起源と変遷

わが国における庶民金融の源流の1つは質であり，その取扱を業とした質屋であると考えられる。質屋は庶民の日常生活用品を担保にして，容易に資金（貨幣だけでなく，広く生活手段の調達を含む）を役立ててくれるからである。そこで本節では，質の起源といわれる出挙の出現から業としての質を取り扱う質屋（土倉）の形成までについて，検討する。

3-1 出挙の性格——神事から金融へ——

広辞苑によれば，出挙とは古代の利子付き消費貸借とあり，出は貸付け，挙は回収の意という。弥生時代以来，日本列島西部の社会では首長を中心に農耕儀礼が盛んに行われてきたが，中でも農作物の豊かな実りを祈る春の種下ろしの祭りと，収穫に感謝して稲魂＝穀霊を祭る秋の収穫の祭りが最も重要であったといわれる。特に首長たちは穀霊を宿す初穂・種籾とそれを保管する倉庫を掌握していた。首長たちは春に種籾を平民に貸し付け，秋に利息である利稲とともに返還させる原初的な金融（後に出挙と呼ばれる）を通じて，一般平民を支配していた。また首長は初穂を大王に貢納して，大王が種籾を首長に与える儀礼も行われ，これが大王の即位儀礼の中軸として形を整えてきたという。このように大王の権威が及ぶ地域では水田が祭祀と儀礼の中心として，社会の中に重要な地位を占めるようになったのである。利稲は秋に豊かな収穫をもたらした種籾を神から授かったこと（実態は首長からの貸付であったとしても）への感謝であったと考えられる。

それが大化の改新の詔に記載され，大宝令に成文化された「質」なる単語に結び付いた出挙は，弥生時代以来の習俗の制度化であり，神事から金融へ変質している。貸し付けられた種籾分は，利稲を添えて租税としての租穂とともに首長に納められた。本来神に捧げられた初穂であったが，国や郡の倉に貯蔵され，国家が行うので公出挙と呼ばれる正税出挙の制度であった。これに関して，先行研究の中には「出挙はもともと不作などで生活に困り，翌年の生産のため

の種籾まで食してしまった農民を救済するためのもの」との見解もあるが，この見解に基づけば，論理的には豊作の場合には翌年の種籾を食べる必要がないから，出挙の必要がなくなるわけである。大宝令以降の出挙の場合は，租である稲を国に収めるために種籾を貸し付けたのであって，貧農を救済するためであれば，もっと利子率を考慮すべきであったといえよう。

3-2 大宝令以降の出挙制度の主要な変遷

大宝令以降の出挙はまさに貸借取引に相当する制度となっている。国司が行う公出挙と貴族・社寺・富豪等が行う私出挙の2種類があった。公出挙の利稲は当初年率5割であった。利稲が国や郡の地方財政を賄う重要な財源であり，国分寺の造営費用や灌漑池・河川の築造工事費に充てられたが，やがて国司自らの収入とするようになった。8世紀中頃以降になると，農民から収受する正税よりも公出挙の利稲収入が多くなり，中央政府に納めた租税の残りを私有することになった。さらに嵯峨天皇以降の弘仁期には班田制度が行われなくなり，租・庸・調の未進，粗悪化は一向に改善されなかったのである。

地方の富豪・社寺等の民間が行う私出挙は，稲の他に銭や物も当事者間の契約で貸付が行われたが，利息には上限があった。財物出挙では60日毎に利息を支払い（60日未満は利息を徴収しなかった），元本の8分の1が利息の上限とされ，また480日経過後は支払った利息が元本の倍になっていれば利息の支払は不要とされた。稲出挙では年率10割以上の利息は禁止されていた。寺社の出挙は，社寺造営の財源を得るために銭穀を貸して利息を収受したが（例えば大安寺では佛物とされた米銭を貸し付けて利息を得た），返済を怠ると直ちに神罰・仏罰を受けると考えられ，回収は確実に行われたという。富豪の行う私出挙は，営利目的であったから高利を課したため，借りた者の中には返済を怠り，郷土を捨てて逃亡・離散する者が続出するようになった。

8世紀を通じて，律令国家の様々な負担が平民に重圧となり，調・庸を負担できない人々や出挙を返済できない者達が逃亡したり，他国へ浮浪人として移動したりするようになった。政府はこれに対して，再三にわたり平民の逃亡・浮浪を禁圧したが，逃亡・浮浪が後を絶たず，課役を忌避するために貴族等に

仕えて私的な保護下に入る者や自ら剃髪して僧侶や尼僧になる私度僧が多数出てくるようになった。一方，平民の中には私出挙や交易を通じて新たに豊かになった人たち（富豪の輩といわれた）が出始め，逃亡や浮浪する貧しい平民を保護して，力を蓄えるようになった。さらに官人の中には，任地に赴いたまま都に帰らず，出挙や営田によって地域で勢力をふるう者も出てきた。社会が新たな動きをみせ始めたのである。

これを編年史的に纏めると，以下のようになろう。

文武天皇	大宝律令制定され，大宝令に出挙制度が成文化される
桓武天皇	公出挙の利稲を年率5割から3割に引き下げる
橘 諸兄	正税出挙制度を維持するため，一定の稲を出挙してそれを国司の給与に充てる公廨稲の制度を諸国に設ける
8世紀	平民に利稲が重圧となり，返済せずに逃亡する者が続出する一方，私出挙・交易を通じて豊かになった「富豪の輩」が出現する
	大安寺等の大寺院　佛物とされる米銭の貸付を行う
819年	嵯峨天皇　困窮者を救済するため，富豪に私出挙を公認する
895年	宇多天皇　国政の改革に着手し，王臣家の私出挙を一切禁止する
10世紀	国司の中に任地に土着して豪族になった人々　出挙・営田により莫大な富を蓄積し，平民を支配し始める
	東大寺・興福寺・東寺・延暦寺・園城寺，伊勢神宮・上下賀茂神社・石清水八幡宮等　諸国に新免田を開発・確保して，金融・商業等を営む
11世紀	関東・東北の豪族　下人を駆使して新田畠を開発し，租税の収納所・倉庫も管理して，出挙・交易を通じて広範な平民を支配する
	大寺院・大神社の神人・衆徒の大集団による示威行為を行い，僧兵による嗷訴を繰り返しながら，金融・商業に携わる
1156年	後白河天皇　保元の新制を発し，興福寺・延暦寺他に属する

寄人・先達などの「悪僧」による出挙名目の金融・利息の行き過ぎを厳しく抑制する（神・仏物を出挙し，神仏の権威によって利を貪る山僧，山臥(やまぶし)等の恣意的な活動を天皇の名により抑制する神人整理令を意味した）

3-3　庶民金融と大社寺

　弥生時代から，西日本では各集団の居住地域の近辺にある山や川，巨岩や巨木を神に見立て，祖先の神々の宿る聖地として祭るようになり，社のような施設を設けるようになった。大王と近畿の首長たちは，これらの祭りを自らの祭祀体系に取り入れる中で，水田耕作の農耕儀礼の1つとして，出挙の習俗が形成されていったことは前述したところである。さらに王子厩戸(うまやど)は仏教に帰依して仏教風の国家を作ろうとしており，飛鳥寺や四天王寺が建立されつつあった。また「壬申の乱」に勝利した大王天武は，伊勢神宮の加護を感謝するとともに祭祀と宗教（仏教）を国家の制度として整えようとした。律令制度によって出挙の利稲は国や郡の地方財政を賄う重要な財源となったが，貴族・豪族の行う私出挙の利稲の支払や返済が芳しくなかったのに対し，大社寺の行う私出挙は返済を怠れば忽ち神・仏罰を受けるとされていたので，ほとんど完済されたといわれる。

　741年，聖武天皇は光明皇后の懇請を容れて国分寺建立の詔を発し，仏教の力によって国家の動揺を鎮圧しようとした。ここに鎮護国家の宗教として，仏教は現実政治にも大きな力を持つようになってきた。また大仏完成の前後には，南都六宗の教学の分科が整備されたが，ここにいたって仏教は独自の権威を持った道を切り開くことができるようになった。さらに桓武天皇の時代になると，唐から帰国した最澄は天台宗を立てることを公認され，南都六宗から自立した教団となった天台宗は彼の死後比叡山に延暦寺を創建した。最澄より遅れて唐より帰国した空海は，高野山の土地を朝廷から与えられ，金剛峰寺を建立した。823年，空海は嵯峨天皇から東寺を密教の根本道場として与えられ，真言宗の教団が確立される。最澄や空海が建立した延暦寺，金剛峰寺，室生寺等の諸寺は，俗人が容易に入れない山中の静寂な場所を選んで建てられたが，地主神，

山神等の原始的な自然信仰と仏教との係わり合いが生まれるとともに，神の苦悩を仏が救うという「神仏習合」といわれる動きが顕著になり，神社に結び付いた神宮寺の建立が各地に盛んにみられるようになった。さらに国家から自立した自治的な僧侶組織が発達し，その後の社会の動きに大きな影響を及ぼすことになり，やがて仏教は私出挙のみならず，相互扶助に基づく金融，無尽講の発展に大きな力を及ぼすことになるのである。

11世紀後半に入ると，各地に多様な特産物が表れるようになり，それを河川・海上交通を通じて取引する広域的な商業に携わる人々の活動が活発化した。東国は絹・布，西国は主に米を物品貨幣とする流通が展開される一方，借上（かしあげ）と称する金融業者が誕生することになる。ことに大社寺の諸国における活動が活発化し，神人や僧侶は田畠をめぐって国守や在庁と激突を繰り返し，僧兵の示威活動を背景に白河天皇にしばしば嗷訴した。実生活における僧兵たちは，商業や金融に携わっており，「悪僧」といわれた。さらに13世紀には，延暦寺山僧，日吉神人，熊野三山の山臥等は預所（あずかりしょ）・地頭の支配者や平民・百姓に初穂物・上分銭（じょうぶん）を資本として，出挙の名目で貸し付けるようになり，金融を通じて平民・百姓への実質的な支配を強めていったのである。

3-4 借上——高利貸の発生

平民は荘園公領制度の下で田地を年貢の賦課基準とされていたが，彼らは農業にのみ依存していたのではなく，製塩，製鉄，製紙等の非農業的な分野を生活基盤する者も少なくなかった。古くから市庭（いちば）は内陸部の人々と海浜部の人たちとの交易の場として存在したが，13世紀に入る頃には，市庭に居を構えて定住する者がみられるようになり，都市の様相を持つようになった。平民百姓は米や絹・布を神に捧げるとともに，市庭では交換手段として鋤・鍬・鎌・鍋等の鉄製品，陶磁器，帷子・直垂等の衣類などの生活物資を入手していた。13世紀前半になると，宋から金属貨幣—銭貨が流入し始めて，市庭で盛んに流通するようになった。これにより，米だけでなく，銭貨を貸し付けることも行われるようになり，日吉神人，延暦寺の下層僧侶，熊野三山僧等による「借上」といわれる金融業（高利貸）が行われるようになった。神仏への初穂・上分とさ

れた銭（例えば日吉上分銭，熊野初穂物）が初めて資本となりえたのであり，利息は神仏へのお礼として支払われた。借上の中には女性の姿がみられたという。借上の代表的な事例として，延暦寺の山僧は寺の供物を百姓等に利子を取って貸し，債務不履行の時には質に取った田畠を没収したといわれる。

関白九條道家の主導する朝廷は，関東と緊密な連絡を取りつつ政局運営にあたり，1225年と31年に相次いで新制を発して体制整備を行った。一方鎌倉では，北条泰時が執権に就き幕府を主導することになったが，公家新制に応じて大寺院の衆徒の武装禁止，金融活動や商業を職能とする神人や山僧が神仏の権威を背景に荘園・公領を代官として請け負い，訴訟の代理人となることを抑制する等，東西の「国家」支配を動揺させる動きに対して，農本主義の姿勢で厳しく禁圧した。とはいえ，13世紀後半には宋からの銭貨流入が本格化し，平民百姓も銭貨の世界に深く関係するようになって，銭そのものを神仏と敬うほどに，社会は銭貨に対する欲望を掻き立てられ，それが商人，借上，博打と結び付き，また悪党や海賊の動きを活発化させた。東西の国家はともにこのような動きに強圧を加え，統制下に置こうとしたが，やがて根底から揺り動かされることになる。

平民は銭貨の流入につれて，必要な計数能力もそれなりに持つようになったといわれる。荘園公領の平民百姓は文字・数字・知識を用いて年貢・公事を請け負い，現物を和市（相場）によって市庭で売却し，銭に代えて支配者に納めた。荘園公領の支配者も交易を業とする商人や借上を業とする金融業者を代官とし，年貢・公事徴収を委ねることが一般化していった。

3-5 質屋の起源——土倉制度

13世紀後半には，年貢・公事徴収の代官となった金融業者達は神・仏物の名目によらない月利5～6分の利子（利の子）を生む利銭を貸し付けて，田畠，物品を質物として取り，質物を保管する倉庫—土倉を持つようになった。京都，鎌倉，博多をはじめ，各地の津・泊，宿には土倉が建ち並ぶようになったといわれる。まさに近代質屋のプロトタイプの出現である。またこの時代の女性は，機織に携わるとともに市庭での売買も自ら行って，正式に神人，供御人の称号

を持つ女性が少なくなかった。魚貝，野菜，薪炭を取り扱う商人にも精進供御人，大原女，桂女のようにみな女性であったから，銭貨をはじめとする動産に独自の権利を持っており，さらに借上，土倉となり，銭を資本として裕福になった女性も少なくなかったといわれる。

　土倉の金利は高かったが，その原因の1つに鎌倉時代から始まった徳政令が挙げられる。最初の徳政令は1273年に発せられた御家人所領回復令である。当時，幕府は対モンゴル戦争に備えて，軍事力とその基盤である経済の調査を行ったところ，多くの御家人が所領を失っていることが判明したからである。そこで，御家人が質入した所領を無償で回復することを認める徳政令を発し，軍事力の強化を図ることにした。次いで行われた徳政令は，1281年来襲したモンゴルの第2次日本遠征軍に直接立ち向かった九州の御家人に対するもので，所領の無償回復令を発して御家人の立場を強固に保証した。3回目の徳政令は1297年発せられたもので，「永仁の徳政令」といわれる大規模なものであった。貞時は売却された御家人の所領を無償で取り戻し，債権取立の訴訟は認めず，越訴(おっそ)（中世の訴訟手続の1つで，判決に不服のあるものが再審を求めて訴え出ること）も取り上げないという内容であったが，土倉からの貸借は適用除外とされた。これは鎌倉幕府が当時唯一の金融機関であった土倉の存立，維持を図ろうとしたからであるといわれている[18]。貸手の立場からすれば，徳政令が発せられると質入された所領を無償で取り上げられるから，そのリスク回避のため，一層の高利を課したものとみられる。他の1つは幕府による課税である。幕府の収益源として，土倉への課税率はしばしば引き上げたといわれるが，それを埋め合わせるべく，貸出利率を引き上げたのは当然のことである。

　14世紀になると，全体として神仏に対する畏敬，呪術的な力に対する怖れが薄れてきつつあった。それに伴い，神仏への畏怖によって規制されていた富への欲望が否応なく顕現化し，過度な利潤を貪って高率の利息を取り，酒，遊女におぼれて殺傷事件が多発するようになった。徳政令の裏には，このような制御できない人の得体の知れない力を排除・抑制しようとする農本主義的な政治路線からの働きかけがあったとみられている。

4 無尽・頼母子講の起源と変遷

　質・質屋の起源である出挙・土倉の変遷が比較的明確であるのに対して，無尽・頼母子講の起源は諸説があって明らかではなく，かつその変遷も不詳な部分が少なくない。これは出挙が正税出挙のように国家の租税制度と密接に関連したから，多くの古文書に記載されているのに対し，無尽・頼母子講は民間零細民の制度であって，朝廷や幕府に無縁の存在であったため，記録文書が残されていないからだと考えられる。

4-1　無尽・頼母子講の起源
　講とは，もともと仏教の経典を講義する儀礼を指す用語であったが，次第に社寺参詣を目的とした団体組織の名称，さらには社寺の維持・修理をする団体の名称となり，さらに構成員の経済的共済を意味するようになった[19]。大蔵省調査[20]によれば，講は神社仏閣への参拝を目的に組織されたもので，その費用を少額の掛け金を継続的に集めたものであるという。また講は種々の名目をもって行われていたが，いわば一種の相互生命保険であり，傷害保険的な機能を持っていた。このような講会は金銭の融通そのものを目的とするのではなく，ある目的のために金銭の融通をする手段であった。ところが，講の方法によって金銭の融通をすることが便利であると認識され，それが一般に周知されると，無尽・頼母子講という用語が広く使われるようになったという。

　しかしながら，無尽が仏教経典の用語であるからといって，わが国の庶民金融制度としての無尽・頼母子講が仏教生誕の地古代インドから移植されたものではない。古代インドでは，釈迦の入滅後僧侶達が1箇所で共同生活をするようになり，仏教教会が寺院の建立，維持等を賄うため金融に手を染め，喜捨・散財・融通等の考え方が起こり，無尽金融を奨励するようになった。ただ，これをもってインドの仏教教会が無尽金融を創始したものと断定できないとの指摘は当然である[21]。仏教教会が無尽金融を開始する以前から，インドで無尽に相当するものが定着していたが，これに仏教用語である無尽を冠したといわれる。

中国で最初に翻訳された経典「摩訶僧祇律」(418年)に無尽が初見されるとされているが、中国の庶民金融では互助精神に基づく「合会」が独自の発展をしてきた。また無尽蔵院という慈善的、非営利的な金融機関も存在した。武徳年中(618～626年)に三階教(仏教を一乗・三乗・普法、時を正・像・末、人を最上利根・一般利根・鈍根に区別し、今は時は末、人は鈍根であるから、普法(すべての法)・普仏(すべての仏)の信仰によってのみ救われると主張する宗派で、隋の信行が創唱した)の僧信義が長安の化度寺(化度は衆生を教え導いて救うことの意)に設けたもので、集めた布施を伽藍の修造、飢民の救済および三宝の供養の3つに区分して融通したといわれる。したがって中国でも経典に出現した無尽と直接的に関係なく、庶民金融制度が発達したものと思われる。

　前節において、奈良時代の大社寺が財物を融通していたことを述べたが、寺院による私出挙に先立って同制度が庶民の間に神事として定着していたこともふれた。これが鎌倉時代における無尽銭より出て無尽となったものであり、もともとは質屋の貸付金を意味したことは建武式目抄に明らかであるというが、文書上の初出は1387年下総国香取神宮の「相撲御神楽大饗契約無尽人数事」という契約文である。[22] 鎌倉時代の無尽は、いわゆる質屋的無尽であって、無尽銭土倉とも称したから、質屋の原型である土倉と区別できない。社寺の行う質屋的無尽に対して、鎌倉幕府は保護助長策を取ったが、前節で述べたように永仁の徳政令では無尽について適用除外としている。鎌倉時代の無尽は本質的に質屋的無尽であって、相互救済的金融組織の無尽講ではなかったが、室町時代に至って頼母子講的無尽、すなわち一般農民層が憑支衆となり、懸銭を集めて親に給付し、懸銭を継続することによって憑支衆相互の間にも金融機能が働くようになった。この金融機能は、当時寺社を中心に組織されていた「講」に取り入れられ、寺社の建築・営繕の寄進、講の維持費調達等に利用された。社寺への参詣を目的とする本来の宗教的組織の講と金融機能を備えた講とは、懸け離れたものへと変化していったのである。

　頼母子は1に述べたように、憑子頼子とも憑母子とも書いたが、時には合力(協力による金銭の融通の意)ともいわれていた。頼母子(憑支)という用語が古書に初出したのは高野山文書(続宝簡集86)で、[23] 紀伊国高野山領の荘

園で憑支が行われて被害が出ていると記され，同時代に編纂された『下學集』（1444年）や『節用集』（1590年）にも散見されたというが，実際に行われ始めたのは鎌倉時代頃からであるとされる。当初は互助的な無利息融通組合であったが，これは当時の土倉，借上等の営利的金貸し業者に対して，零細民が金穀を持ち寄って融通し合う無利子・無担保の組織であった。やがて，頼母子金を受け取った後で懸銭を怠る者も出てくるようになり，その対策として担保を取るようになった他，室町時代には利子を取るようになった。頼母子が担保・利子付きの金融となるに及んで，次第に無尽との差異が無くなり，戦国時代末期から徳川時代以降に頼母子が無尽と同義語になった。その後は関東では主として無尽が，上方では頼母子講が主に使われている。ただ，何故質屋の貸付金を意味した言葉が無尽の方法または無尽の方法による金銭の給付を意味するに至ったかは，未だに不明であるとされる。

4-2 無尽・頼母子講の類型と仕組み

無尽・頼母子講の方法は，室町時代以降殆ど変化がないといわれるので，ここでは前出の大蔵省調査に依拠して考察する。無尽を称する具体的名称はほとんど無数にあったといい，共同積立講，共済講，融通講，伊勢講，本願寺講，神楽講，大師講，信義講，観音講，積善講，富士講等々が例示されているが，目的別の基本的な類型は次の2種類であった。

1. 金銭の融通自体を目的とするもの——零細商工業者の開業・営業資金の調達を目的とするもの，貯蓄自体を目的とするもの，近隣罹災者の救済を目的とするもの等を含む。
2. 特殊な目的のために金銭または金銭以外の物品の融通をするもの——物品の交付，特定行事のために必要な資金や物品を得ること目的とするもの。

無尽の方法による分類では，講の発起人または被救済者の地位にある者が講会成立以前に確定しているか，あるいは共同設立，共同融通であるかによって，次の2類型に区分された。

1. 親無尽——社寺，学校，その他団体の維持，修繕，窮迫者の救済等の目的を持つもの。

2．親無し無尽——相互救済を目的とするもの。

なお，時代を経るに従って，両者の方法と目的が混じり合うようになり，貯蓄資金融通等を目的とする無尽にも親無尽が応用されるようになったという。

無尽講でいう親とは，本来親元講主または講元と同義に用いられ，ある人のため，あるいはある人を救済するために組織された無尽講の設立者を指す。中には「頼母子」を「母が子を頼む」の意味であると解釈する者は，「親」がこの「母」であるという。そのような解釈もあれば，講の管理人，世話人，収支人等の意義に解することも少なくない。「親」なる語を詳細に検討すれば，発起人と同義語か，発起人兼管理人を意味するのか，さらには管理人を意味するのかは，不明であるが，講元，講世話人，理事，蔵元等は講管理人を意味するのではないかという。

無尽に基づく金銭物品の給与方法には，抽選，入札および両者を用いるの3方法がある。抽選は別に定まった方法があるのではなく，抽選により集金中より経費を差し引いた金額を交付するものである。入札は，(ア)講員の手取額を入札するもので，最低入札者を落札者とする，(イ)講員の掛金および掛戻金の合計額と落札者の取得金額との差額について入札するもので，結果的には(ア)と同じ結果となる，(ウ)割増金または利子について入札し，多額の割増金または高利の利子支払をするという者を落札者とするのである。

なお，室町時代の頼母子講と明治期のそれとは，組織方法において大差が無いといわれている。当時の頼母子講も設立に際しては必ず親または親方と称する発起人を必要とした。親が講衆または講中と呼ばれる組合員を集め，講衆が一堂に会して1つの規約（規式，法式置文または式目といった）を作った。講衆は一定時に金銭を醵出するが，これを懸銭，懸足または懸米といった。当選者（落札者）が得た金銭である講落金を取足といい，一度当選した講衆は，事後抽籤権を失いかつ懸銭をしなければならないのは当然である。懸銭を取りすぎの懸銭といい，全部の講が終了する時は満といった。

おわりに

　井原西鶴の『日本永代蔵』（1688年刊）[25]の巻一「初午は乗て來る仕合」に寺院の賽銭を種銭として，民衆に貸し付ける作品が掲載されている。泉州（現大阪府貝塚市）の天台宗龍谷山水間寺は，聖武天皇の勅願寺であり，行基菩薩が開創した観音信仰の厚い寺であるが，同寺の賽銭は観音のご利益があるお銭とされ，これを借りて帰り，翌年倍にして返すという風習があった。利子率100％という高率であったが，無担保，保証人不要で1～10文程度の小銭が借りられるというので，2月の初午の日には信仰心よりも融資目当てに多くの人々が来訪したという。作品では，ある時身元不詳の男に姓名も聞かずに借銭壹貫の申し出を受け入れ，水間寺開闢以来という壹貫を貸し出した。これが1年1倍の計算で13年目に8192貫を返済したので，寺はこの返済金で宝塔を建立したという。[26] 関ケ原の合戦から88年後に上梓された小説に寺院による金融が記述されていることから，大胆に推測すれば，質屋が壊滅したといわれる室町時代末期から戦国時代にも寺院貸付が行われていたのではないかと思われる。

　庶民金融では時代を問わず，金利が高いのが特徴の1つであるが，水間寺の場合は無担保・無保証とはいえ，貸付金額に拘らず100％であった。わが国では公出挙の最高利率50％，私出挙100％から始まり，漸次引き下げられて，江戸時代では当初年率20％を上限としていたが，幕府は1736年最高金利を15％に引き下げ，以後はこれを上回る高利訴訟を受け付けないこととした。さらに1842年これを12％に引き下げたが，貸し手は各種の名目を設けて手数料を取り，実質金利は年50～70％にも達したといわれる。

　また江戸時代末期の篤農家二宮尊徳（相模国小田原）が遠江，駿河，伊豆，三河，相模，甲斐等の各地に報徳社を設立して，道徳的精神運動としての報徳運動を提唱し，勤倹力行の人々に無利子で必要資金を融資したといわれるが，実際には無利子ではなかった。善積金の貸出資金は富豪や地主が醵出して社費を作り，運動の目的に適う者に貸与された。貸出を受けた善種金の返済は，年賦であり，名目上は無利子であったが，完済後年賦1年分に相当する報徳元恕

金（貸付金を感謝の積りで返金するの意）を納付させられている。これについて，「尊徳の巧妙な借入金利の返済方法といえよう。このように表面的には無利子，あるいは低利のようにみせかけながら，実は種々の口実でかなり高い借入金利を課すところに，報徳社の金融には前近代的遺物の混入がみられた。」との批判がある。[27]

明治維新によって金融システムも近代化され，郵便貯金，営業無尽・無尽会社，信用組合等の庶民金融制度も多様化された。しかし，いかに制度が多様化されても，庶民金融には内包する不可避の問題がある。それは，庶民金融が日常生活の必要や咄嗟の借入に迫られるのが実情であるから，高利よりも借入の利便性（無担保・無保証・借入手続の簡便性等）が重要視される傾向があることである。質屋が衰退した原因の１つに対物信用から対人信用に変化したことが挙げられているが，[28]本章で考察してきたように，出挙の時代から庶民金融は高利であった。庶民が借入れるのであるから，低利にすぎることはないが，それでは庶民の預金を安全確実に運用することも，庶民金融の事業を継続できない不安が生じるという二律相反の問題が生じる。そこに公営質屋が誕生する必然性があるが，現代社会は消費者金融に関して公的機関が十分に機能しないところに庶民金融をめぐる諸問題が尽きないのであるといえよう。

▶ 注
1） 白川静『字通』平凡社，1996年。
2） 小学館編『日本国語大辞典』第２版，2001年。
3） 同上書。
4） 日本銀行「無盡會社ニ關スル調査」大正２年。
5） 前田繁一『庶民金融』日本評論社，1927年。
6） 佐藤誠朗『幕末維新の民衆世界』岩波新書，1994年，1-9ページ。
7） 金融広報中央委員会『平成15年　家計の金融資産に関する世論調査』。
8） 日本消費者金融協会『平成15年版　消費者金融白書』92ページ。
9） 前田繁一，前掲書。
10） 白川静，前掲書。
11） 小学館編，前掲書。
12） 同上書。

13) 総合仏教大辞典編集委員会編『総合仏教大辞典』1987年。
14) 本節では，網野善彦『日本社会の歴史（上）（中）』岩波書店，1997年，に依拠している。
15) 貸稲が質の起源とされるのは，当時租税は稲穀で納めたが，租税を支払えない貧民階級に稲を貸して利息を取ったとみられることからといわれる。しかし，租税負担を要しない下層階級もあったから，租税を支払えないから稲を借りたのか，伝統的な神事のために借りたのか，少ない文献では明確にならない。
16) 大宝令には，「其質物非ν對ニ物主ニ不ν得ニ輒賣ニ」とある。
17) 宮本又郎『庶民の歩んだ金融史』プロダクションＦ，1991年，2ページ。
18) 同上書，13ページ。
19) 同上書，100ページ。
20) 大蔵省『無盡ニ關スル調査』1915年。講が神社仏閣参拝のための組織であった一例として，室町殿日記には「上京今出川に大宗坊と言ふ客僧あり，伊勢講中の懸銭方々より借用返済せざりしかば，検断所へ訴訟申により裏書を出されけり」とあったことから，すでに講が神社参拝のために組織されていたとみられるという。
21) 全国信用金庫協会『信用金庫25年史』1977年，11ページ。
22) 下総国香取神宮の相撲・御神楽・大饗の頭番に当たった神官が無資力であったため，無尽によって費用が調達されたとしているが，土地等を質に入れ，利付で期限内に返済することを約している。この無尽は質入貸借であって，頼母子とは性格を異にしている（宮本又郎，前掲書，102ページ）。なお，初見の古文書にも異説があって，1255年鎌倉幕府の御教書（御成敗式目新編追加）「鎌倉中挙銭，近年号無尽不入置質物之外，依不許借用甲乙人等，以衣裳物具置其質，云々」を挙げるものもある（相互銀行史）。
23) 猿川真国神野三筒庄々官請文には，「（中略）一，当庄狼藉事　押買事　押入搴事　犯他妻事　野取馬牛事　号憑支乞取百姓銭事　右此五箇条自今以後令停止若違反輩出来者早々可注進于寺家又庄官不可見隠聞隠於科怠事者臨時可有御評定者也」とあり，憑支によって農民達に被害が出ていることがうかがえる（宮本又郎，前掲書，102ページ）。
24) 下學集には「出ニ少銭ニ取ニ多銭ニ謂ニ之憑子ニ」とある。
25) 井原西鶴『日本永代蔵』1688年刊，野間光辰校注，日本古典文学大系新装版，岩波書店，1991年，31-36ページ。
26) 年複利100％で銭1貫（1000文）を借りると，13年後の元利合計は，$1,000 \times (1+1)^{13} = 819,200$（文）になる。なお同上書，466ページ参照。

27）　全国信用金庫協会『信用金庫25年史』1977年，8ページ。
28）　片山隆男「庶民金融――戦後零細質屋史覚え書き――」『大阪商業大学商業史博物館紀要』第5号，2004年7月，41ページ。神戸市にあった質屋「丸糸商店」が「アコム」に変身する過程を通じて，質屋衰退の原因が具体的に探求されている。

▶ 参考文献

網野善彦『日本社会の歴史（上）（中）（下）』岩波書店，1997年。
井原西鶴『日本永代蔵』1688年刊，野間光辰校注，日本古典文学大系新装版，岩波書店，1991年。
片山隆男「庶民金融――戦後零細質屋史覚え書き――」『大阪商業大学商業史博物館紀要』第5号，2004年7月。
佐藤誠朗『幕末維新の民衆世界』岩波書店，1994年。
前田繁一『庶民金融』日本評論社，1927年。
宮本又郎『庶民の歩んだ金融史』プロダクションF，1991年。
大蔵省『無盡ニ關スル調査』。
金融広報中央委員会『平成15年　家計の金融資産に関する世論調査』。
全国信用金庫協会『信用金庫25年史』1977年。
日本銀行「無盡會社ニ關スル調査」大正2年。
日本消費者金融協会『平成15年版　消費者金融白書』。

第2章　中世ヨーロッパの庶民金融
―― 高利貸の弾圧から公益質屋の出現まで ――

はじめに

　なぜ，この章で中世ヨーロッパを取り上げるのか。まず，その理由について説明することから始めよう。

　元来，ヨーロッパの中世期は「暗黒時代」というレッテルが貼られていた。それは，ローマ帝国が分裂したあと度重なる侵略が続き，ようやくヨーロッパがひとつの帝国（神聖ローマ帝国）にまとまったものの，その後も戦乱は絶えず，その間に次第に大きな勢力を貯えたキリスト教会が人々の生活を縛りつけ，さらには黒死病により多くの人命が奪われるなど，中世に続く近世のダイナミックな動きに比べると，どうしても暗いイメージがつきまとうからである。

　しかし近年になって，むしろ中世は大きな「変革期」であったという，プラス思考で認識されるようになってきている。特に中世後期と呼ばれる11～12世紀から15～16世紀にかけての時代はまさに変革期と呼ぶにふさわしい。例えば，現在のヨーロッパの都市の大部分がこの時代に成立しているし，ゴシック建築として名高いキリスト教の大寺院のほとんどが，この時代に建設されている。それだけではない。病院や養老院，救貧院などの福祉施設も，実は中世期にヨーロッパ各地に設けられているのである。

　こうした大きな変革をもたらした背景について考えてみると，まず12世紀頃から数々の技術革新が農業を大きく変えた。大型の重量有輪犂が登場し，三圃農法[1]によってその効率的運用が可能になって，穀物の生産が飛躍的に上昇した。その結果，農村人口の増加が急速に進んだ。農村から溢れ出した過剰人口は都

市に流れ込み，都市の形成，拡張をもたらす要因になった。

もともとは領主と農民という封建的な荘園制が中心だった社会では，貨幣はほとんど流通しておらず，モノとモノとの交換による実物経済が支配していた。ところが都市の出現により，実物経済から貨幣経済へと急速に移行したため，それまでの人間関係も大きく変化するようになった。すなわち，モノを媒介とする人と人とのふれ合いがうすれ，貨幣を媒介とする非情な社会が誕生した。特に都市部においてこの傾向が強くなった。そこでこの時代には，貴族や商人，手工業者などの間で富の蓄積が進む一方，多くの人々が貧者となり，生活資金を施こしや借入れに頼らざるをえなくなったのである。

貧者の救済にあたったのが，教会や修道院であったのに対して，貸付はもっぱらユダヤ人金貸しが支配していた。それというのも，キリスト教会は聖書の教えを忠実に守り，キリスト教徒が利子を取って人にカネを貸すこをと禁じていたため（後には認めるようになったが），異教徒であるユダヤ人だけが金貸し業を営むことができたからである。

キリスト教会による利子付き貸付の禁止については，2にくわしく述べているが，中世後期には貧者に対する救済の目的で，特に修道院が低利の質屋を営むようになった。ヨーロッパにおける庶民金融の歴史を辿ると，ユダヤ人による金貸しや修道院が営んだ公益質屋に辿り着かざるをえない。以下の諸節において，これらのことを順次述べることにしよう。

1　中世における庶民の生活

1-1　贈与とお返しの人間関係

中世後期に入った11～12世紀を境に，ヨーロッパ社会の人間関係は大きく変化したといわれる。つまり，それまでのモノを媒介とした社会から貨幣を媒介とする社会への変化である。いわゆる実物経済（自然経済）から貨幣経済への移行がそれである。

11世紀までのヨーロッパ，なかでも古ゲルマン社会の慣習を引きずっていた北ヨーロッパにおいては，もっぱら贈り物の交換によって人間関係が保たれて

いたと考えることができる。例えば領主と家臣の関係では，領主はしばしば家臣たちを集めて集会や宴会を開き，贈り物をしたり飲み食いをさせたりしていた。家臣たちはそのお返しとして，領主に贈り物を捧げたり，あるいは領主のために死命を賭して戦ったりしたのである。このような贈与慣行が領主と家臣との間の人格的接触を維持するのに役立った（マルク・ブロックの説）。

贈り物をもらった者は，必ずお返しをしなければならなかった。贈与は常に報償を求めていたということができる。『中世の窓から』の著者である阿部謹也氏は，その中で，古ゲルマン社会の贈与の有償性に関して次のように述べている。すなわち，債務を負った者は債権者に対して木の枝もしくはわらしべ（藁稭）を渡すという慣習があった。これをヴェッテと呼ぶが，このヴェッテはもし債務者が債務を履行できなくなった時には，自分自身を債権者に委ねるという約束を意味していた。つまりヴェッテとは，信義のシンボルもしくは債務の担保であったというのである[2]。

ゲルマン人の社会では，ヴェッテとしてオーク（樫）の木が使われていた。それは，オークの若枝が生命あるものとみなされていたからである。現在のドイツでもオークの大木がいたるところに存在しており，ドイツ人はこの木を殊の外好んでいるが，古ゲルマン社会においては，オークに限らず，物にはすべて生命があると考えられていたのである。

ところで，このような贈与の有償性という慣行は，12〜13世紀になると大きく変化して，無償の贈与という考え方が現れるようになった。このような変化をもたらす契機となったのが，キリスト教の浸透であり，貨幣経済への移行であったと考えることができる。中世初期までは，領主は戦争によって掠奪した財宝を惜し気もなく家臣たちに分け与えたが，その返礼に領主に対する献身と忠誠を要求した。また庶民の間でも，贈り物にはお返しをする慣習が人間関係を密接に結び付ける太い絆になっていた。

ところが，キリスト教の浸透によって，古い贈与による倫理から新しい祈りと救いの倫理への転換が進んだのである。キリスト教会は人と人とを結び付ける有形の贈与と返礼を，神と人との関係であるミサや祈祷による無形の贈与に置き換えることに成功した。さらに有形の返礼をする場合も，それは人間に対

してではなく，神に対して，つまり教会や修道院への喜捨という形で行うように方向付けたのである。

　もちろん，キリスト教が成立した頃のユダヤ社会でも，贈与と返礼の慣行は存在していたから，キリスト教会はこのような古慣行を取り込みながらも，その方向を変更させるように仕向けたのである。王侯貴族や裕福な商人が修道院や病院を喜捨したのも，貧者に贈り物をすることによって死後の自分の霊が救われると信じたからであった。

　中世中期頃から急増するヨーロッパ各地の大教会や大聖堂などの壮麗ゴシック建造物は，すべて神への贈与としてキリスト教徒たちが寄進したものである。もちろん，裕福な王侯貴族や商人たちが教会や修道院を建てたのは，自らの罪を浄めるのが目的であったこともたしかである。この点については，2でくわしく述べることにしたい。

　モノを媒介とする人間関係は，貨幣経済への移行過程においてそれまでとは大きく変わったものになった。贈与と返礼によって結ばれていた人間関係は，貨幣を媒介とした売買という行為の中で，貨幣を支払いさえすればそれで人と人との関係は終了することになるため，人間同士の絆も弱められてしまう。農村から流入した人たちによって膨張した都市においては，なおさらに人間関係は醒めたものにならざるをえなかった。

　しかし，だからといって，実物経済から一挙に貨幣経済に移行したわけではもちろんない。古代からの社会慣習を引きずりながら，徐々に貨幣経済が進行したことはいうまでもない。したがって，贈与の有償性という慣行も，徐々に貨幣を媒介とする売買行為の中に溶解していったと考えてよかろう。

1-2　実物経済から貨幣経済へ

　すでに述べた通り，12世紀から13世紀にかけて，ヨーロッパの農村では三圃制を中心とした数々の技術革新が進展し，穀物の生産量が格段に増大した。その結果，人口の増加が急速に進んだ。農村から溢れ出した人々は都市に流れ込み，いたるところで新しい都市を出現させた。中世後期には，ドイツだけでも3000以上もの都市が存在したといわれている。もっともその大部分は，人口

500人から1000人規模の極小都市であった。

 都市の中には，古代のローマ都市や司教座所在地など，様々な成立根拠を持つものが存在したが，なかでも重要なのは市（メッセ）が発展して生まれた都市である。市はもともと，遠隔地を動きまわって取引を行う遍歴商人たち同士，および遍歴商人と定住者との間で行われた，定期的に開かれる商取引の場を指していた。したがって，交通路が変わったり新しい経済中心地が出現すると，それに合わせて商人たちも新しい拠点を探し求めるようになった。

 ヨーロッパで最初に市が誕生したのは，パリ北郊のサン・ドニだといわれている。ここには早くから修道院が設けられ，定期的にミサが行われた。それが終わって，司教が「行け，ミサは終われり」と告げると，会衆は聖堂を出て様々な店に散っていった。メッセという言葉も，ミサから発生したとの説もあるくらいである。

 メッセで最も有名なのが，13世紀に最盛期を迎えたシャンパーニュの大市である。ここには，北はフランドル南はイタリアから商人たちが集まって，大規模で国際的なメッセが何週間も続けて開かれた。14世紀になると，シャンパーニュの大市は没落に向かうが，それでもシャンパーニュの大市は中世都市経済の理想とされた。なぜなら，市場管理の主体と権限は荘園領主や都市の支配者の手から離れて，地区共同体に移り，そこで市場の包括的なコントロールが行われたからである。つまり，市場が開かれる場所と時間，市場への出入，取引慣行，商品の数量，品質，価格などがすべて規制され，監視された。市場法や商人法などの法規がそれらを包括的に規制したのである。

 商人たちが作りあげた各地の商業網を結び付けるのに役立ったのが，貨幣制度の普及であった。11世紀までのヨーロッパにおける貨幣はデナール銀貨のみであったが，12世紀になると，日常生活に必要な新しい小額貨幣が鋳造されるようになった。また卸売商の大規模取引のために，高額単位の銀貨も造られた。商業の中心地として発展した都市では，為替手形制度も考案されて，現金を伴わない決済方法も出現した。このようにして，12〜13世紀になると，人々は次第に貨幣経済に取り込まれたのである。

 しかし，古代社会からの人と人との密接なつながりから抜け出すことができ

ない多くの人々にとって，貨幣は容易には受け入れることができない異物であったとも考えられる。ドイツの帝国都市の1つで，皇帝居城が置かれていたゴスラーの中心部にある市場広場に面した昔のギルドハウス（現在はホテル）の外壁に，尻の穴から金貨を排泄している奇妙な姿の像が据えられている。このような像は他にも存在するらしい。

中世期のゴスラーは，近郊の鉱山で豊富に銀を産出していたから，尻の穴から金貨を排泄するほど豊かであったと解釈することもできる。しかし阿部謹也氏によれば，貨幣を媒介にした経済秩序が確立し始め，人々が貨幣を追い求め出した反面，新しい秩序に適した新しい倫理を生み出すことができずにいる人々の苛立ちを表現しているのだ，と解釈されている[3]。

農村から都市に流入した大勢の人々の中には，商人になったり，手工業者としてそのまま定住した人もいたが，都市で職にありつけなかった人たちは貧民となって，他人の援助を受けなければ生きていけない境遇に陥った。例えば，寡婦や孤児，病人，身体障害者，乞食などがそれにあたり，彼等は貧民と呼ばれた。

もっとも中世初期においても，社会には貧民とそうでない人との2つの階層があったと考えられており，政治的・社会的に高位にあって，財産と声望を併せ持っている有力者は，貧民に対して財産を分け与える義務があった。現に貧民登録制度が設けられ，教会が彼らを庇護したという例もみられた。しかし，時代が下って貨幣経済が浸透するとともに，かつての贈与と返礼慣行によるぬくもりのある社会は消失し，貨幣だけが頼りの非情な社会が到来すると，経済的弱者である貧民が激増し，その救済は捨てておけない大きな社会問題となった。

1-3 富者による貧民救済

新約聖書のマタイ書には，キリスト教徒が貧しい者に対して行うべき善行として，6つの行為があげられている。

「あなたがたは，わたしが空腹のときに食べさせ，渇いていたときに飲ませ，旅人であったときに宿を貸し，裸であったときに着せ，病気のときに見舞い，

獄にいたときに尋ねてくれた」(第25章34)。中世になって，死体の埋葬が7番目の善行として追加されたが，富める者は貧しい人のために，このような7つの善行を施こすことによって，死後の霊の救いを得ることができるとされた。

フランスの歴史家フィリップ・アリエスによれば，中世の人たちは現世のモノに執着して霊の救いを失うか，それとも天国における救いを得るために現世の財産を放棄するか，2つに1つの選択を迫られていたという。アリエスはまた，次のようにもいっている。すなわち「蓄えられた財産は，ある時が来れば蕩尽されなければならない。その日が来ると，当時の人々は躊躇せずに寺院や教会の建築，宗教団体の慈善施設の創立のために寄進した」(『死と歴史』)。

必ずしも富者とはいえない一般市民のキリスト教徒たちも，貧民救済に積極的に参加した。中世の都市社会においては，必ずといってよいほど商人のギルドや手工業者のツンフトなどの仲間組織が設けられていた。これらは同業者による横断的な組織であるが，それとは別に，職業の違いを超えた組織も存在していた。それが兄弟団である。また，商人ギルドや職人ツンフトも，同業者による兄弟団とみることができよう。

兄弟団はすべて，特定の教会に自分たちの祭壇を持っていて，毎日曜日には死んだ仲間へのミサを行い，祈りを捧げ，ろうそくの火を絶やさないようにした。また兄弟団には，必ず守護聖人がついていて，兄弟団の名前にも守護聖人の名が冠されていた。こうみてくると，兄弟団とは宗教的組織と誤解されがちであるが，それ以外に相互秩序を目的としていた。事故や病気で働けなくなった仲間のために，現在の失業保険や傷害保険に相当するような制度も設けられていた。また老人の養老施設を運営する兄弟団もあった。このように，ヨーロッパの都市では様々な組織と目的を持った兄弟団が数多く作られたが，その中でも貧民救済を主目的とする兄弟団が誕生したことは特筆されてよい。「貧しい旅人を保護し埋葬する兄弟団」と呼ばれる兄弟団がそれである。11～12世紀には十字軍の遠征とともに聖地巡礼の旅に出る人たちが激増した。また都市に定住できなかった人々は放浪者となった。もちろん，旅する聖職者も少なくなかった。これらの人たちが旅の途中で倒れ死去した場合に，彼らを埋葬し霊をとむらうための組織が必要となり，兄弟団がその役割を担ったのである。

それでは，貧民救済を主な目的とする兄弟団に加入することにどのようなメリットがあったのだろうか。入会金や年会費以外に，巡礼者の世話をしたり埋葬したりするための臨時の出費をも強いられる一方，何ら物質的利益を期待できないこのような兄弟団に，なぜ加入するのだろうか。その答えはこうである。
　兄弟団の一員になり，多くの貧民を救う行為が，富める者，有力者と同様に「支える側」に立つことを意味するからだと思われる。商人や職人という，当時の社会では必ずしも高位にいなかった人たちにとっては，貧民救済を目的とする兄弟団への加入が自らの社会的地位の向上につながったからである。その意味では，兄弟団の存在は必ずしも貧民救済が真の目的ではなかったのである。
　さて，この項の締めくくりに修道院を登場させよう。修道院の貧民救済活動については，3でくわしく検討することになるが，ここではまず，概説的に取り扱っておきたい。何といっても，中世期における貧民救済の核となったのが修道院だったからである。
　ベネディクトゥスの「戒律」として知られる修道院の基本規則によれば，修道院の扉をたたいたり，救済を乞う者たちすべてに対して，修道院は喜捨を与えなければならないとされた。ベネディクトゥスは6世紀に生きた人であるが，13世紀になって，助けを必要とする人たちの世話をすることを主な目的とする修道院が多く現れるようになって，あらためてベネディクトゥスの戒律が意識されたのである。
　さきに述べた兄弟団と同様に，十字軍の時代になって巡礼者や病人の世話をする修道院が多く出現したのは，決して偶然ではなかった。なかでも，巡礼路に沿って建てられていた修道院がその役割を担った。また，中世初期から存在していた救貧院も，多くの巡礼者を迎え入れた。救貧院は単に病人や身体障害者などを収容するだけでなく，旅人に宿を貸す宿泊施設でもあったのである。これは，さきに紹介した聖書のマタイ書にも出てきた，イエスの言葉に基づいている。
　救貧院が修道院に発展した例もあるが，いくつかの都市では救貧院に隣接して修道院が建てられている姿を，現在でもみることができる。しかし多くの救貧院や修道院では，必ずしも，扉をたたいた者すべてに救済の手が差しのべら

れたのではなかった。受け入れ条件が厳しく定められており，また収容人数にも制限があったから，これらの施設による貧民救済は，貧民のためというよりも，むしろそれらの施設を建立した者，あるいは寄付した人の霊の救済のために行われたといった方が当たっていよう。それは兄弟団にも共通していたのである。

2　金貸しとキリスト教会

2-1　キリスト教会による金貸し弾圧

　修道院や救貧院，あるいは兄弟団の救済を必要とするほどの貧民でなくても，中世の庶民の中には生活費に窮して，他人からの借り入れを余儀なくされる人たちが少なくなかった。このような庶民に貸し付けたのが金貸しであった。しかし聖書の教えによって，キリスト教徒は利子を取ってカネを貸し付けることを，長い間禁じられていた。その間，異教徒であるユダヤ人が金貸しとしてキリスト教徒に貸したのである。

　なぜ，キリスト教徒は利子をとってカネを貸すことを禁じられたのか。また，ユダヤ人に金貸しが認められたのは何故か。いずれも聖書がそれを教えてくれる。キリスト教はユダヤ教の聖書を旧約聖書とし，それにイエスの言行録である新約聖書を加えて聖書とした。新旧両聖書の中に，利子付き貸付を禁止する言葉がある。旧約聖書には全部で4ヵ所，また新約ではルカ書に1ヵ所ある。

　なかでもキリスト教会は，新約聖書ルカ書の「あなたがたは敵を愛し，人によくしてやり，また何も当てにしないで貸してやれ。そうすれば，受け取る報いは大きく，あなたがたはいと高き者の子となるであろう」（第6章35）に依拠して，利子付き貸付を禁止した。しかも，初期キリスト教の教父たちが，商業活動や貨幣に対して強い嫌悪感を抱いていたことも影響して，1000年以上もの長きにわたって利子付き貸付が弾圧され続けたのである。

　なかでも，4世紀の教父の1人である聖バシリウス（329〜79年）はキリスト教の長い伝統の中で，最も呵責なき利子付き貸付の告発者であった。彼には「キリスト教会の利息の全面的禁止の原点に位置している」（ヘルピ＝ラブリュイ

エール）という評価さえされている。聖バシリウスはルカ書の言葉を根拠にして説教を続け，カネが必要な時は借りるよりも施しを求める方がよいとも説いた。

　中世期のキリスト教徒にとって最大の関心事は，死後における自分の霊の行方であった。人間の霊は死んだ後，天国か地獄のいずれかに行くことが判定されると考えられていた。誰だって天国に魂の安らぎを求めたいという思いにかわりはないが，天国か地獄かの判定は現世における行為によって決められた。現世において善行を積めば天国へ，その反対に現世で罪を侵した者の魂は地獄へ，という選別がなされたのである。

　中世初期のキリスト教会では，貪欲・傲慢・邪淫・嫉妬・飽食・憤怒・怠惰が7つの大罪として排斥された。第1の大罪である貪欲を象徴する職業として，商人，両替商，金貸しが俎上にのぼった。なかでも高利貸しは最もたちの悪い商人とみなされ，貪欲だけでなく，盗み，不正の罪，自然の摂理に背く罪などいくつもの罪の責めを負う者として非難された。

　もっとも，たとえいくつもの罪を一身に負う高利貸しといえども，遺言書によって生存中に得た不当な利益を返還し，教会や修道院に寄進することを約束すれば，死後の天国行きが保障されるという抜け道も用意されていた。この時代の遺言書は，被相続人と神の代理人である教会との間で結ばれた保険契約であり，教会は個人の一生とその財産の相続，処分に深く介入していたから，個人の生涯の締めくくりに「救い」という手を差しのべる権利を持ったのであろう。まさに遺言書は「死後世界へのパスポート」だったのである。

　もっとも13世紀になって，キリスト教会は天国と地獄の間に第3の場所として，聖書にも出てこない煉獄を誕生させた。これにより，高利貸しのような大罪人でも，煉獄における試練を経験することによって魂が清められれば，天国に行くことができるようになった。ただしその場合においても，まず生前における不当利得を返還することが大前提とされた。つまり，世俗的次元では財産の返還によって，また信仰の次元では罪の告解によって，煉獄に置かれることが判定されたのである。

　12世紀半ばから13世紀半ばにいたる100年間には，利子付き貸付や高利貸し

に対する非難の気運がそれまでにも増して激しさを加えた。その背景には，急速に貨幣経済の時代が到来して，人々は財貨交換の支払手段として，あるいはより多大な儲けの機会を得るための資金源として，たとえ高利を払っても借り入れを求める風潮の高まりがあった。

当然ながら，これに対してキリスト教会は，利子の禁止をさらに厳しくする対抗手段を講じた。1139年に始まる第2回ラテラノ公会議を皮切りに開かれた諸会議における決議や勧告，あるいは教会法典における反高利法の強化などがそれである。

2-2　ユダヤ人金貸しが辿った運命

キリスト教会が聖書の教えを忠実に守り，長年にわたって利子付き貸付を禁止し続けている間，異教徒であるユダヤ人はキリスト教徒に対する貸し付けを独占的に行った。ユダヤ人がキリスト教徒に貸し付けることができる根拠は，旧約聖書の申命記に示されている。すなわち

　　兄弟に利息を取って貸してはならない。金銭の利息，食物の利息などすべて利息のつく物の利息を取ってはならない。外国人には利息を取って貸してもよい。ただ兄弟には利息を取って貸してはならない。これは，あなたが，はいってくる地で，あなたの神，主がすべてあなたのすることに祝福を与えられるためである。（第23章19—20）

がそれである。

旧約聖書は出エジプト記や詩編において，ユダヤ人に利子付き貸付を禁止しているが，ここに示した箇所だけで，「外国人には利息を取って貸してもよい」としている。そこで，ユダヤ人が金貸し業を営めるようになったのである。古代からヨーロッパ各地に移住したユダヤ人は，金貸しのような金融業以外に，キリスト教徒が就きたがらないワイン取引や運送業など，数々の商売を営んでいたが，11世紀頃からユダヤ人の職業はもっぱら金融業に限られていった。それは，ユダヤ人が主に住んだドイツ，フランス，イタリアおよびイベリア半島

に共通してみられた現象であった。

　それには，ヨーロッパにおける貨幣経済の進展が大きく影響しているものと考えられる。各地に都市が誕生し市場が整備されていくにつれて，貨幣に対する需要も増大した。ところが，物々交換が中心だった農村の自然経済に慣らされていたキリスト教徒は，古い倫理や慣習に捉われて，新しい環境の変化にうまく適応できなかった。それに対してユダヤ人は，キリスト教徒よりも容易に貨幣を取り込むことができた。それは，ユダヤ人が古くから商業や金融業に従事していた実績があったからであろう。

　中世初期までは，キリスト教会もユダヤ人が金融業を独占している現実を知っても，比較的寛容な姿勢を取っていた。それというのも，貧しいキリスト教徒たちが生きていくのに必要なカネや生産物を手にする方法があるならば，キリスト教徒から借りることはできなくとも，ユダヤ人から借りることができるのであれば，それ以外に取るべき方法は無いと考えたからであろう。キリスト教徒の金貸しを非難すればするほど，ユダヤ人金貸しを容認せざるをえないという自己撞着に陥ったのである。

　ところが12〜13世紀になって，いよいよ都市を中心とした貨幣経済がさらに進行すると，人々の貨幣に対する需要がさらに増大し，その結果，ユダヤ人金貸しへの依存が著しく高まった。またキリスト教徒の中にも，利子付き貸付に従事する者が出現した。このような事態を重視したローマ教会は，1215〜16年の第4回ラテラノ公会議において，低利の貸付は容認する一方，高利だけを厳しく断罪したが，その矛先はもっぱらユダヤ人高利貸しに向けられた。

　ユダヤ人の方がキリスト教よりも高利を貪っていたからというよりは，ユダヤ人金貸しをターゲットにして高金利を抑圧しようとするところに，その目的があったと考えることができる。しかもこの時の会議で，ユダヤ人には衣服のどこかに特定の印しを付けることを義務づけた。ローマ教会が公式にユダヤ人迫害に手を貸したのは，この時が初めてであった。

　庶民の間でも，ユダヤ人金貸しに対する嫌悪が広がっていった。ユダヤ人金貸しの中で比較的少額の消費的貸付に従事したのは，主として女性であった。もちろん，地域によってその比率は異なるが，例えば13世紀の北フランスでは

ユダヤ人金貸しの3分の1が女性だったという記録が残っているし，イタリア中部のアンコナでは15％という数字もある。しかも彼女たちは副業ではなく，本業として金貸しに従事する者が多かった。

ユダヤ人の女性金貸しは，せいぜい家計の足しにする程度の貸し付けを行うのが普通だったが，貸し付ける相手はもっぱらキリスト教徒の女性であった。やはり女性は女性から借りる方が便利であり，抵抗も少なかったようである。借り手の女性はしばしば子供を連れて借金の交渉や返済に行った。子供にとっては，ユダヤ人との借金交渉の場で母親が弱者にみえ，屈辱感を味わったに違いない。それが記憶に残って，ユダヤ人全体に対する嫌悪感や違和感につながったとしても，決して驚くに当たらない。

ヨーロッパ各地に起きたユダヤ人迫害は，その後数百年にわたって継続するが，これがユダヤ人金貸しに対する反感や嫌悪によってのみ引き起こされたとはいえないまでも，深層心理においては，貨幣経済にうまく順応することができなかったキリスト教徒の苛立ちが，ユダヤ人を身代わりに排斥したというように考えることもできる。

すでに紹介したゴスラーにある肛門から金貨を排泄する像には，明らかに糞尿のイメージが重なり合っている。貨幣を牛耳っているのがユダヤ人であり，しかも貨幣と糞尿が同じ感覚で捉えられたとすれば，ユダヤ人にも糞尿のイメージが重なることになる。そこからも，キリスト教徒によるユダヤ人嫌悪の感情が生まれたのであろう。

2-3 スコラ哲学の経済観・貨幣観

金貸しや高金利に対して，論理的視点から厳しい批判を加えたのは，キリスト教神学者や哲学者であった。その頂点に立ったのがトマス・アクィナス（1225〜75年）である。11世紀半ば頃から，信仰上の真理を理性的思考によって基礎付ける教育が，教会や修道院の付属学校（スコラ）で行われ始め，1150年頃にはパリ大学が，また1167年にはオックスフォード大学が創設されている。

そこには，信仰を合理的思索の対象にして，キリスト教の教義をさらに深化する試みを通して，哲学といいうる水準にまで高まったために，スコラ哲学者

と呼ばれた神学者達が集まっていた。トマス・アクイナスはスコラ哲学の殿堂となったパリ大学で講義を担当する一方，知識と信仰，神の存在と本質，人間と精神，政治と国家など広範囲にわたる諸問題に関して解答を与えた。師のアルベルトゥスから引き継いだ大著『神学大全』は，結局，トマスの生存中には完成に至らなかったが，スコラ哲学者たちに大きな影響を残した。

　トマスは，アリストテレスによって提起され，中世経済の支配的原理となった貨幣の非生産性を基礎に，カネを貸して利子を取る行為を明確に非難した。トマスは，「金銭は金銭を生まず」とも，「金銭は石女（うまずめ）である」とも言い切っている。トマスによれば，貨幣はもともと交換を目的に発明されたものである。したがって，貨幣本来の用途は交換のために消費支出されることにあるはずだ。それにも拘らず，貨幣を貸してその代価として貨幣を受け取ることは，それ自体が不正だというのである。

　利子を取って金銭を貸す行為は，金銭が何らかの目的で使用されて，初めて意味を持つことになるはずである。例えば田畑を農民に貸して，そこから小作料を受け取る行為は，小作人が畑に種を播いて収穫を得ることができるから小作人にとって収益となる一方，貸し手にとっても小作料は正当な利得となる。また，田畑は耕作を続けていく間に地力が失われ，家屋も減耗していく。

　ところが，金銭を貸しても，貸し付けられた金銭自体は何も産まないのであるから，利子として金銭を受け取るのは不正である。貸したカネが金の子を産むこと自体が自然の摂理に反すると，トマスは断定を下したのである。現代人の我々からすれば，借りた金銭を資本にして利益をあげることは常識であるし，あるいはそのカネで欲しい商品を購入したりレジャーに使って，欲望を充足することもできるから，借りた金銭に対して利子を払うのは当然という感覚がある。しかし，資本の概念がまだ一般的には確立していなかった中世期の人々にとっては，そのような感覚は持ちえなかったに相違ない。

　ところで，トマスも正しく認識していたように，貨幣には交換手段としての機能がある。しかし中世初期においては，必ずしも日常の財貨の交換に貨幣が使われてはいなかった。ここでいう貨幣とは，金貨や銀貨あるいは銅貨などの鋳造貨幣をイメージしているが，貨幣経済が相当程度浸透した13世紀以降なら

ともかく，それ以前にはこれらの金属貨幣の流通は限定的だったと思われる。

したがって，金貸しが貨幣（もしくは金銭）を貸すといっても，それはある程度生産目的のために利用される場合についていえることであって，その日ぐらしの庶民に消費目的で少額の金銭を貸すことが，キリスト教会やトマスなど神学者にとって大問題であったとは考えにくいのである。むしろ，生産目的のための貸し付けにおいて，高金利に対する非難と高利貸しへの弾圧を通じて低利の金貸しには合法性を認めよう，という方向を模索していたと考えるべきではないだろうか。

2-4　経済価値観の転換と煉獄の誕生

スコラ哲学者たちとキリスト教会は，次第にヨーロッパ各地に貨幣経済が浸透して，様々な分野や階層において資金の需要が増大し，またイタリア商人のように，ローマ教皇庁や王侯の財政と深く結び付き，数々の擬装取引を通じて教会が禁じる利子付き貸付を行うなどの現実を前にして，聖書に照らして利子付き貸付を全面禁止する硬直的態度を改め，徐々にではあるが現実対応路線に転換し始めた。

その方向は，大別して2つあるように思われる。その1つは，経済の領域に新しい価値観を導入して，利子付き貸付それ自体は合法であるが一定水準以上の高利は禁止する，と定めたことである。さらには，ある限定条件下においては貸し手のリスクを認めて，それを補償する制度も設けた。これにより，キリスト教徒にも金貸し業への参入が合法的に認められることになった。中世期における経済観，貨幣観としては画期的な大転換といえる。

いま1つは，商人や金貸しにとって死後の魂の行き先とされていた地獄と，その対極にある天国との間に，煉獄という新しい領域を設けることによって，これらの大罪人にも救いの道が開かれたことである。煉獄という聖書には存在しない制度を新たに設けたのであるから，これまたキリスト教会としては大きな決断であったに違いない。

まず，利子付き貸付の緩和に至る道程は2つの道筋がある。最初の道筋としては，行きすぎた高利および高利貸しだけを禁圧の対象にした第3回ラテラノ

公会議を経て，1215年の第4回ラテラノ公会議では，ユダヤ人高利貸しを名指しで断罪するとともに，「重くて過当な」(graves et immoderatas) 高利をあらためて禁止したことである。

『中世の高利貸し——金も命も』の著者ル・ゴッフによれば，11世紀から13世紀の間における貸付利率は，地域によって相当の開きがあるものの，大多数は12～33.3％の間に位置していたという[4]。しかし，第4回ラテラノ公会議の結果，許容される利率がどの程度の水準に定められたのかについては示されていない。恐らくそれは，それぞれの国や地域の法律に委ねられたのであろう。その点は曖昧である。しかし，教皇庁・教会の最重要会議において利子付き貸付が公的に認められたことの意義は大きいといわなければなるまい。

第2の道筋は，貨幣経済の進行に伴って随伴するリスクとチャンスという，現代の経済では当然の常識となっている諸概念が，中世後期において「新しい価値観」として登場したことである。スコラ哲学者たちは，次のような条件下においては，貸し手に補償を受ける権利を認めた。

①返済の遅延に起因するリスクの発生

これは，貸し手にとって元本の喪失というリスクが発生する場合である。借り手の返済不能事態，あるいは不誠実や悪意によって，貸した金が戻ってこないリスク発生を考えると，当然ながら利息徴収の正当な理由となる。

②収益機会に対する障碍

これは，貸し手が保有資金を貸付に回すことにより，別のさらに有利な投資に投下していたら得られたであろう利益が失われたと考える価値観のことである。現代的思考にもつながる画期的な概念である。

③貸付に伴う労働対価

これは，もっぱら商人の救済に用いられた弁明といってよい。商人が遠路の旅をして市場に赴き，商売をしたり帳簿をつける行為は労働とみなされるから，それに報酬を払うのは当然と考えられた。そのことを金貸しの利子にも適用したのである。

④不確定取引への配慮

貸付取引には将来の不確定性が内包されており，それに関するリスクを考慮

すれば，利子の取得には合法性があるとされた。この概念こそ近代から現代へと持ち越されてきたもので，予測と不確実性とは経済学者にとって重要なテーマの1つにもなっている。

　それでは次に，利子付き貸付へと導く第2の方向である，煉獄の誕生についても検討しておこう。もっとも，煉獄という死後世界における新たな"第3の場所"の誕生は，必ずしも商人や金貸したちの魂の救済が目的ではなかった。しかし結果的に，彼らが煉獄の出現によって救済の場を得たことはたしかである。

　煉獄とは，マルチン・ルターによると，「カトリックの信仰において，死者の霊が天国に入るに先立って罪の浄めを受ける場所，すなわち浄罪場，いわば天国と地獄の中間を占める"第3の場所"」である。しかし聖書には煉獄は存在しない。天国と地獄という2項体系しかないのである。キリスト教徒はそれを伝統的に守り続けていた。スコラ哲学者たちは，この2項体系を煉獄を含む3項体系に変更させようと論理的体系化を試みた。

　彼らの出発点になったのはアウグスチヌスである。アウグスチヌスはキリスト教徒を完全な善人，完全な悪人，不完全な善人および不完全な悪人の4種類に分けて考えた。このうち完全な善人には天国，また完全な悪人には地獄が特定されるのは当然であるが，不完全な善人と不完全な悪人については，死後に行くべき場所が特定されていない。そこに着目したアウグスチヌスは，パウロの"浄罪の火"によって救われる道筋を示唆することにより，煉獄の誕生を予感させることに成功した。

　アウグスチヌスの思想を自己の大著『神学大全』に取り込んだのが，トマス・アクィナスである。その中でトマスは，死後の魂の問題を論じて次のような解答を出した。すなわち，死に際して，最終的な善の報酬を受くべき状態にある魂は天国に行き，それに反して悪の報酬を受くべき状態の魂は地獄に行くことになるが，まだ最終的な報いを受ける状態にはない魂で，それが人格に起因する場合には，魂の浄化を行うべき場所が死後において必要だというのである。それが煉獄である。

　神学上の教義レベルでその存在が認められた煉獄は，神学者や高位の聖職者

が無際限の拡大を厳格に統制しようと考えたのとは裏腹に，都市や農村の教会レベルでは，キリスト教信者の強い願望と教会側の思惑とが合致して，神学的思弁の高みから日常的教化活動の場に引き下ろされ，広く受容されていった。煉獄の誕生によって，それまでは死後間違いなく地獄行きの運命にあった金貸しにも救済の機会が与えられたのである。

煉獄が果たした役割の1つは，犯した過ちの性質や重さによって，あるいは職業に対する伝統的反感によって，地獄行きを免れることが絶望的だった罪人たちを救出することにあったが，金貸しはその中で最も大きな恩恵に浴したのである。

3 修道院の活動と庶民金融

3-1 修道院とは何か

すでに述べた通り，中世期のキリスト教会は人々の生と死に関わり，大きな影響を与え続けた。なかでも，利子付き貸付や高金利については，それが聖書の教えに反するとして厳しく弾圧する姿勢を貫こうとした。しかし，貨幣経済の進行につれて徐々にその態度をやわらげ，やがて常識を超える高金利を除いて利子付き貸付を容認するようになった。

その一方で，貧しい庶民に対しては教会自らが救済活動に従事していた。新約聖書の中でも有名なイエスの言葉に，「よく聞きなさい。富んでいる者が天国にはいるのは，むずかしいものである。また，あなたがたに言うが，富んでいる者が神の国にはいるよりは，らくだが針の穴を通る方がもっとやさしい」（マタイ書第19章23―24）というのがあるが，キリスト教では，貧民の存在は富める者が自らの罪をあがなうために作った神の配慮によるものだとの思想がその基本にあり，教会が富者の寄進を集めて貧民救済を行うのは当然の義務である，とされたのである。

また，教会から独立した共同体である修道院は，とりわけ救貧活動に積極的に取り組んだ。庶民のために初めて公益質屋を創設したのも修道院である。この公益質屋こそが，庶民金融機関の"はしり"であるといってもよかろう。そ

こで本節では，修道院の社会活動の中でも重要な柱である貧民救済について述べ，それが公益質屋の誕生に至る過程を辿ることにしたい。

そもそもキリスト教の信仰においては，禁欲がその基本になっているといってよかろう。キリスト教徒は日常生活において禁欲的生活を心掛け，教会にあってもそれを実践していた。禁欲的生活は家庭および教会の内部で続けられた。しかし4世紀頃から，教会の外に出て一切の物質的，世俗的欲望を退け，純粋な信仰生活をのぞむ人々が共同体を作ろうとし始めた。それが修道院である。

もちろんそれ以前にも，孤独の中で節制生活を行おうとするキリスト教徒が，隠者として生きる修道制が存在していた。その起源はエジプトと近東であった。そのうちに，志を同じくする者同士が共同体を作り，厳格な規律に服するようになった。それがギリシャや小アジアを経てヨーロッパにも伝播したのである。

キリスト教がヨーロッパ社会に浸透し定着するようになって，教会が国家権力と結び付き，権威と政治的影響力を高めようと躍起になると，キリスト教徒としての禁欲生活を純粋に貫こうとする人たちの中で，教会の外に別の共同体を求める者が出てきたのも当然だった。「修道院の壁の外では律法に従って生き，修道院の壁の中でのみ福音によって生きる」とさえいわれた。

このようにして生まれた修道院は，それ自身が1つの社会であるため，修道士や修道女（女子修道院も作られていた）たちが共同して生活していく上で戒律が必要とされた。最初は修道院ごとに独自の戒律が定められたが，6世紀半ば頃にイタリア南部の山中に建てられたモンテ・カッシーノ修道院で，ベネディクトゥス院長が作った戒律が，それ以後のヨーロッパ各地の修道院の規則として広く適用されるようになった。

「ベネディクトゥスの戒律[5]」は，修道士や修道女たちに，「現世にありながらも天上の天使のような清浄と神聖さに包まれた生活」を送るために，「同時に就寝し，祈祷のために目覚め，ともに同じ部屋で食事をとる。昼も夜も倦むことなく熱心に祈り，読書し，仕事を行う」という理想的な生き方を求めている。

しかし，修道士の多くが貴族の子女であったために，厳しすぎる戒律を守り切ることができず，戒律の現実版ともいうべき慣習法を設けざるをえなかった。例えばベネディクトゥスの戒律でさえも，飲酒について「葡萄酒はそもそも修

道士にはふさわしくないと記されてはあるが，今日の修道士は納得しまい。そこですくなくとも，度を越さない程度ですこしだけ飲むということで同意すべきだろう」（第40章―6）と書かれているくらいである。

10世紀初頭にブルゴーニュ地方に創立されたクリニュー修道院がベネディクトゥス戒律を自己流に解釈した修道院規則を作ると，たちまちのうちにブルゴーニュ以外の修道院にも伝播し，修道院連合さえ誕生した。それというのも，このクリニュー修道院はアキテーニュ公ギョーム1世が創立した私有修道院で，ギョームの要請によって初代院長に就任したベルノは，すでに複数の修道院長を兼ねていたため，クリニュー修道院規則を共有する修道院連合が生まれたのである。

私有修道院は領主が自分の私有地に創設したもので，創設者たる領主の所有物であった。このことは，中世期の修道院の大きな特徴である。また国王も，最も重要な修道院創設者で，帝国修道院と呼ばれた。これらの修道院も国王の私有修道院ということになる。したがって中世の修道院は，一面では敬虔で神聖な宗教的空間を提供しているが，他面，国王や領主が支配する俗界の一部でもあったのである。

3-2　修道院の社会活動・貧民救済

13世紀になって，ヨーロッパ社会がそれまでの農村を中心として構成されていた自然経済・実物経済から，都市の発展を背景にした貨幣経済へと移行し始めると，様々な問題が発生した。都市人口の増加に伴って生じた異端の出現もその1つである。1215年11月に始まった第4回ラテラノ公会議では，ユダヤ人高利貸しの断罪もさることながら，それにも増して異端問題が緊急課題として取り上げられた。司教による異端審問の徹底，官憲による処罰と財産没収などが改めて確認された。70条に及ぶこの時の議決の中でも，異端問題が最も長文であったことが，何よりもその重大さを証明しているといってよかろう。

ローマ教皇庁にとっては異端問題が大きな関心事であったであろうが，都市化に伴う貧民の激増とその生活の悲惨さは，修道院として放置することを許されない重大問題だったのである。

ベネディクトゥスの戒律でも，「やってきたよそ者は誰であれ，キリストを迎えるように受け入れるべし」（第53章）と定めている。修道院の門のそばには必ず敬虔な修道士が坐っていて，訪問者が誰であるかをまず確認した。聖職者，巡礼者，修道士，旅人，病人，弱者（婦女や子供），放浪者，乞食などを見分け，足を洗ってやり，ともに礼拝堂で祈り，食事を出した。宿泊希望者は寝室に案内した[6]。

　中世のヨーロッパには，まだ商売としての旅籠やホテルなどの施設はなかったので，修道院はしばしば旅行者の宿泊所となった。時には，財産家が修道院に寄進して，修道院の賓客用建物で暮らす許可をもらい，食事と衣服の面倒をみてもらって，不自由のない晩年を送る人もいたらしい。

　修道院が宿泊施設を持っていて，利用者も多かったということは，この時代の修道院が市壁の内側に建てられていたことを物語っている。もともと初期の修道院は，人里はなれた荒野か山中に建てられていた。家族や集団から離れて隠遁するにはその方が適わしかったからである。ところが中世後期になると，修道院の保護を受けた居住区が生まれ，それが都市へと発展する例も珍しくなかった。交通アクセスの面からも，都市部に修道院がある方が便利だったのである。

　修道院は貧民を救済する目的で救貧院を設けることが少なくなかった。ヨーロッパの中世都市を訪れると，修道院に隣接して救貧院が建っている例をよくみかける。これは修道院の付属施設であるが，逆に以前からあった救貧院の隣に修道院を建てるケースもあった。救貧院は修道院だけが設けたのではなく，富める者が自分の魂の救済のために救貧院を寄進することも少なくなかった（有名なアウグスブルクに現存するフッゲライは，富豪のフッガー家が寄進したものである）。その管理を修道院が受け持ったのである。

　修道院が修道士たちを養うだけでなく，様々な社会活動，なかでも貧民救済を行おうとすれば，それに見合う財産や収入源がなければなるまい。修道院はもともと，ベネディクトゥスの戒律にその源があるように，一切の所有が認められていなかった。したがって，個々の修道士はもとより，修道院としても財産を持つことは許されていない。つまり修道院は無所有経営をしなければなら

なかった。要するに修道院が外部からの寄進を受け、修道院としての収入活動を行っても、そのすべてを社会福祉に費消しなければならず、大部分は貧民救済に充てられた。

それでは、修道院の収入は何に頼っていたのだろうか。その重要な柱は創設者たちによる寄進だった。修道士の出身はほとんどが貴族であるが、子供の頃から修道士志願者として修道院に預けられた時点で、入会寄進が差し出された。それ以外にも、慈善家からの財産の寄進があった。もっともこれらの寄進には、寄進者とその子孫全員が使用権を主張し、寄進者が死亡して相続が開始されるまでしか修道院が利益を得ることができない、というケースも少なくなかった。このような場合は、時がくれば多くの領地が再び失われる運命にあった。

それでも修道院は各地に領地を持つことができたから、それらを利用して果樹園や菜園を経営し、粉引き小屋やワインやビールの醸造所、パン焼き工場、それに手作り品の工房まで持っていたのである。有力な修道院は大土地所有者であり大荘園主であった。土地には農奴がいて、彼らには奉仕と賦課租が義務付けられていたから、修道院は相当の利益をあげることができた。それを気前よく、貧民救済のために散じたのである。

3-3　修道院は公益質屋の元祖

質屋という商売は、現在の日本ではごく稀にしかみられなくなってしまった。わが国の質屋の動向については、本書の第Ⅰ部第4章で述べられているが、ヨーロッパにおける（というよりも世界における）公益質屋の源は、それを修道院に求めることができるといったら、読者は驚くだろうか。

すでに述べたように、修道院による社会活動の中でも貧民救済は、もっぱら「施し」という形で行われていた。13世紀には利子付き貸付に対する神学上の定義が変化し、高金利を除く低利の貸付は合法化されたけれども、金利の高低に関係なく利子を取って貸し付ける行為自体について、教会や修道院関係者たちは偏見を抱き続けていた。

しかし、借り手から質草を受け取って少額の金銭を貸す私営の質屋業はすでに存在していた。その主な担い手はやはりユダヤ人だった。また質屋の顧客に

は女性が多かった。彼女たちの質草は主として家庭用品だったから，男性が経営する質屋よりも女性が経営する質屋が選ばれた。寝具や晴れ着，カップや皿など以外にも，例えばネッカチーフやエプロンなどが入質されたからであろう。質屋の歴史は聖書の昔からあるが，例えば旧約聖書の申命記に次のような文章がみられる。「挽き臼またはその上石を質にとってはならない。これは命をつなぐものを質にとることだからである」（第24章－6）。

　いずれにしても，生活用品を質草に取って貸す質屋は，中世においてもしばしば悪辣だとみなされたから，質屋は決して尊敬されなかった。極端な例として，次のような話が語りつがれている。パヴィアの貧しい僧と尼僧が，貧窮して食うに困り，礼拝用の器具を質草にして借金することの許可をミラノ公に願い出て，公も不承不承それを許したというのである。

　私営質屋に対する非難や攻撃が続く中で，15世紀半ばになると，フランシスコ修道会がペルージア（1462年）とグッビオ（1463年）で公益質屋を開設した。貧しい者に低利で金銭を貸し付ける行為が，この時初めて公的に認められたのである。フランシスコ修道会は13世紀の初めに，アッシジのフランチェスコが開いたもので，ドミニコ会と並んでいわゆる托鉢修道会の双璧を形成した。

　しかし，修道院の改革運動の過程でいくつかの会派に分裂し，結局は古典的スコラ哲学を「古い道」として退け，「新しい道」すなわち多様な修道院活動を是とする派が主導権を握るにいたった。すなわち修道院の主目的は存在にあるのではなく，行動にあるとしたのである。フィレンツェの聖マルコ修道院の院長で，フラ・アンジェリコに有名な壁画を描かせたアントニヌスは，トマス・アクイナスの神学思想を補強して，貨幣資本は人間の労働を肥料にして正しい果実を結ぶことができると主張した。

　もっとも，フィレンツェに公益質屋が誕生したのは，ペルージアの10年後，またシエナの1年後のことである。すでに金融の中心地として実績のあったフィレンツェで，公益質屋の開設が他の近隣都市に比べて遅れたのは何故か。その理由は，ドミニコ修道会とフランシスコ修道会の対立であった。質屋の貸付利子が高利かどうかをめぐって，支持派のフランシスコ会に対してドミニコ修道会が反対したからである。

メディチ家も公益質屋の開設に異を唱えたが，それは，メディチ家と商売上深い関係にあったユダヤ人社会と競合するのを恐れたからだといわれている。したがって，公益質屋の創業に必要とされた，金貨で6000デュカの資金が容易には集まらなかった。当初の創業資金は，資金の提供者には神の恩恵がもたらされるとされた返済不要の預金と，代わりに営業許可を得たユダヤ人による無償の貸付によって構成された。それでも，なかなか思うようには資金が集まらず，営業許可は大幅に遅れたのである。

しかし，いざ本格的に開業後は，組織の堅固さと財政的裏付けが強固だったため，1542年からは資金提供者に利益の分配として利子の提供を認められた。この事業はその後も教皇や教会に保護されて，ヨーロッパ各地に広がっていった。その意味でも，修道院が設けた公益質屋はヨーロッパにおける庶民金融機関の先駆けになったといえよう。

4　ヨーロッパにおける庶民金融の伝統

4-1　公益質屋の展開

富める者は貧者を救済する義務があるというキリスト教の基本思想は，まずイタリアの修道院に公益質屋を誕生させた。一方，イタリアと似た宗教的環境にあったフランスでは，公益質屋はどのような展開をみせたのかというのが，ここでの発想である。

フランス初の公益質屋は，1577年にアヴィニョンに作られた。なぜアヴィニョンかといえば，この町はかつて14世紀初頭から1世紀近くもローマ教皇庁が置かれていて，それ以降もイタリアとの交流が深かったためであろう。アヴィニョンに続いて，リール（1607年），パリ（1637年），アンジェ（1684年），マルセイユ（1688年）が，それぞれ公益質屋を開業している。

この中でパリの公益質屋は，開業直後に議会の反対に遭って禁止されてしまった。議会は利用者の利便性よりも商業倫理の観点から，公益質屋を有害と認めたのである。パリではそれより以前にも，勅令によって公益質屋を制度化しようとする試みがあった。しかしパリで公益質屋が公認されたのは，それから

100年以上も後のルイ16世時代の1777年のことになる。事業開始後の1年間に，12万8000件の貸付を行ったといわれる。厳しい貸付条件にも拘らず，これだけの貸付が行われたということは，いかにパリ市民の中に公益質屋利用者が多かったかを物語るものである。

もっとも，その直後に起きた革命により公益質屋の独占的地位は認められなくなり，質屋業の自由化が実現した。その後再び公益質屋が復活するのはナポレオン1世の政令によるもので，それは1804年であった。ナポレオンの法制といえば民法典の制定が有名であるが，公益質屋の制度もきわめて近代的な性格を帯びており，修道院時代のフランシスコ会的な色彩はすっかり払拭されている。

1804年2月6日に制定された公益質屋法令によれば，公認機関にのみ質屋業の独占権を付与した。それまで存続していた私営質屋は，政府の許可が得られなければ清算を余儀なくされたのである。他の都市と同様に，パリの公益質屋は独占権を獲得した。しかし，厳格に高利は認められず，貧困者の貸付サービスが義務付けられた。また，事業によって得られた利益は，福祉のために提供することも義務付けられた。この公益質屋は「ナポレオンの公益質屋（Monte Napoleone）」と呼ばれた。

当時，ナポレオンの支配下にあったイタリアのミラノでも，ナポレオンの公益質屋がかつてのフランシスコ会的質屋に取って代わり，近代的制度として誕生した。現在では世界有数のファッション通りとして有名な VIA MONTE NAPOLEONE も，もとは公益質屋があった場所である。

ナポレオンの公益質屋の目的も，あくまでキリスト教の倫理観と義務感に基礎を置いた貧困者向け融資にあったことは疑いない。しかし，公益質屋の利用者は単に貧困者ばかりでなく，中流階級の人々も特別な出費を必要とする場合は公益質屋に依存した。それは，例えば失業者であるとか，病気や事故のため貯金が底をついた給与所得者，あるいは小口資金の調達に窮した商人などであった。

このような公益質屋の融資先の多様化によって，公益質屋の資金源も多様化せざるをえなくなった。もともと公益質屋に貸付資金を提供したのは富者であ

った。彼らの魂を救済するために，貧者への喜捨が必要とされたからである。公益質屋のことをイタリア語では Monte di Pietà と書くが，これを日本語に訳すと"慈善の山"[7]という意味になる。公益質屋は文字通り慈善の山によって成り立っていたのである。

ところが，公益質屋の貸出しが増加するようになって，善意の寄進だけでは成立しにくくなった。それだけではなく，健全な投資先を探していたプチ・ブルジョア階層の人たちは，公益質屋への資金提供を行い始めた。有名なコメディ・フランセーズもこの種の投資家であり，パリの公益質屋の資金額の20％を保有していたといわれる。公益質屋としても，これらの投資家のために最小限の利益を確保しなければならなくなり，その結果，貸付先を多様化せざるをえないという，公益質屋本来の目的から逸脱する矛盾に陥った。

1875年に，パリ，マルセイユ，ボルドーなどフランス国内9都市の公益質屋について行われた経営内容の調査によると，利息は9％以上であったのに対して，資金調達コストは3～4％にとどまっていたというから，結構，公益質屋は利益をあげていたことが分かる。もっとも，貸付の4分の3はコストを補うことができなかったが，その分大口の借り手がそれをカバーしていたのである[8]。

このように，19世紀のナポレオン公益質屋の時代になって，フランスにおいては中世後期以来の伝統であった"慈善の山"型の公益質屋の域を脱して，運営面においてはさらに近代的な金融機関としての体裁を整えるようになった。

4-2 公益質屋から貯蓄銀行へ

ここで再び，イタリアの修道院が設けたフランシスコ会型の公益質屋に立ち戻り，そこから貯蓄銀行が誕生した経緯について考えることにしよう。

15世紀後半には，イタリア各地で公益質屋が出現したが，なかでもシエナの公益質屋は，銀行も兼営していた。それが今日まで続いている Monte dei Paschi di Siena（シエナ貯蓄銀行）である。フィレンツェの公益質屋も後に銀行に組織変更された。

フィレンツェは，すでに14世紀にはヨーロッパ随一の金融都市に成長しており，その頂点には，ジョヴァンニ・メディチが創設したメディチ銀行が君臨し

ていた。もっとも，中世期の銀行は両替商であると同時に，様々な商品の輸出業者でもあったから，為替手形取引も行っていたのである。銀行のことを，英語では Bank，フランス語では Banque と表現するが，これらの言葉は，メディチ銀行などの両替商が，街路に面した店舗で2，3人の事務員が客と応対する際に使用した卓子，つまり banco（バンコ）に由来している。

この当時の銀行（両替商）の中には，メディチのような大規模な業者以外に，バンコ・ディ・ペーニ（banco dei pegni）と呼ばれる私営の質屋も何軒かあったらしい。しかも1437年以降は，ユダヤ人にしか質屋の許可は下りなかったといわれている。庶民を対象とした少額の金銭を貸し出すキリスト教徒がいなかったからであろうか。それとも，メディチのような国際的商人の目には，庶民への救済的貸付などは取るに足らない些細な仕事としか映らなかったのだろうか。

このような金融的雰囲気に包まれていたフィレンツェやシエナに，庶民救済を目的とした公益質屋が誕生したことは，まことに意義深い事実であったということができる。それと同時に，まさに貨幣経済の真っ只中にあって，公益質屋が銀行に，それも庶民層を対象にした貯蓄銀行に変貌を遂げたのは，むしろ必然的帰結であったとも思えるのである。

またフランスでも，アヴィニヨンやナンシーの公益質屋が，やがて貯蓄銀行へと変身していった。アヴィニヨンは一時的であるにせよ教皇庁が置かれていた都市であり，ここにもフィレンツェの影響が及んだと考えておかしくはない。いずれにしても，これらの事実を考え合わせると，現代ヨーロッパの金融システムの中で地域密着型の金融機関である貯蓄銀行が，主に個人や中小企業主などを対象に一定の市民権を保持し続けているのは，修道院が始めた公益質屋の思想と運営をその源に持っているからであるといっても過言ではあるまい。

現代のイタリアでは，銀行法によって，州に1行の銀行は質屋を営まなければならないことを義務付けている。筆者もそれを目撃する機会に恵まれた。ベネチア滞在中にたまたま，イタリアでは銀行が公益質屋を経営していると聞き，調べてみたところ，地元ベネト州の貯蓄銀行であるベネチア貯蓄銀行が業務として行っていることが分かった。

早速，ある朝早く同行を訪れたところ，預金や両替などの窓口と並んで質屋の窓口があった。早朝にも拘らず，質草を抱えた何人かの顧客が並んで窓口が開くのを待っている姿をみかけた。質屋部の主任から説明を聞いたところ，質草はかつては日常生活用品も多かったが，最近は宝石や貴金属が中心だということで，利息や期間などについてもほぼ常識的な答えが返ってきたことを記憶している。わが国では夙に質屋業が廃れていると承知していたので，イタリアで銀行が現に質屋を開業していることに，ある種の感銘を受けたことはたしかである。

4-3 結　び

これまでのところで明らかになったように，中世におけるキリスト教の圧倒的な影響下において，聖書の教えに基づく利子付き貸付の禁止，高利貸しに対する弾圧が続く一方，これもキリスト教の基本思想である貧民救済や施しを実現すべく，教会や修道院あるいは兄弟団などが積極的に行動した。その中から特に修道院が運営する公益質屋が出現し，これが金融都市フィレンツェにおける銀行機能に組み込まれて，銀行特に貯蓄銀行の誕生につながった。

それ以降，現代に至るヨーロッパの金融的伝統は，中世のキリスト教倫理観を引き継いだ形で，金融機関の組織や行動にも影響を与えたばかりでなく，個人に対しても経済観念や金銭感覚に強い制約を課してきたように思えてならないのである。そこで，これらの問題を以下の3点にしぼって総括し，本章を終えることにしたい。

まず第1点は，ヨーロッパにおいては金貸しに対する強い嫌悪感や拒絶反応が長く存在し続けていることである。キリスト教が宗教改革を経験し，そこから新たにプロテスタントが成立してから後も，カトリック時代の伝統は容易には払拭されず，カトリックの国はもちろん，プロテスタントの国においても連綿として続いてきた。

かつて中世前期までユダヤ人が金貸し業を独占していたことから発する，ユダヤ人＝高利貸しとの連想が，その後におけるユダヤ人排斥を通して，現代におけるユダヤ人による金融支配を可能にしたことも，疑いようのない事実であ

る。今日でも，ヨーロッパでは銀行や貯蓄銀行が住宅ローンや自動車ローンを営むことはあっても，利用目的を限定しない，いわゆる消費者金融が，日本やアメリカほどには発達していないのも，こうしたヨーロッパの人たちの意識が背景にあるからではないだろうか。

　次に第2点として，ヨーロッパの人々の意識の中に，「借金は恥」という固定観念が根強く植え付けられていることを指摘しておきたい。すでに述べた通り，キリスト教の根本には貧民思想があり，富める者は貧しい者に施しをしなければならず，またそのことによって，貧者に施した人の魂が救われるという理念がこれに結び付いていた。

　人は誰だって，貧者にはなりたくない。できれば富者の側に立ちたい。そのような願望から，貧者すなわち施しを受けることをできる限り避けたい，つまり借金はしたくないという深層心理を作りあげてきたのだと思われる。

　借金を重ねることによって破産に追い込まれるケースは，ヨーロッパ各国においてもみられないわけではない。しかし，わが国やアメリカのように，自己破産に対する法的手続が簡単で，しかも破産者に対する社会的制裁が比較的甘い国は，まだヨーロッパには存在しない。破産者に対して社会がみる目，下す制裁にはきわめて厳しいものがあるといわなければならない。このような制度の存在も，借金したくない，またすべきでないという人々の戒めにつながっているといえよう。

　最後に指摘しておきたいのは，ヨーロッパの人々が自らの日常生活において，消費と貯蓄とをバランスさせて考える，慎重な経済感覚を持っているということである。

　日本には，ヨーロッパ人の生活ぶりに関して，しばしば誤解して伝わっていることが少なくない。例えばドイツ人は，吝嗇で，旅行しても土産物を買わないとか，またイタリア人は享楽的で豪勢な食事を好むといった類いである。これらがすべて事実に反するとはいえないまでも，かなりの点で間違っている。ドイツ人には倹約家が多いが，住宅や家具の購入には費用を惜しまないし，海外旅行も大好きである。またイタリア人の賢いおカネの使い方は，筆者もイタリア人の家庭に接して経験ずみである。

できる限り借金をせずにすまそうとするのはヨーロッパ人に共通しており，したがって，収入の範囲内に消費を抑えることが生活の基本になっている。これに対して，ヨーロッパ人とキリスト教思想を共有しているはずのアメリカ人に，家計貯蓄率ゼロの家庭が多く，もっぱらクレジットカードや消費者金融などに依存して消費を増やしている姿は，20世紀に入ってからの大衆消費社会の到来と無関係ではあるまい。個人消費を造出するためには，消費者金融会社やカード会社などが整備されることが必要であり，そのことによってアメリカ経済の成長が維持されてきたことは事実である。

ヨーロッパでは，過大な消費が消費者自身によって抑制されている分だけ，消費者金融やカード事業が発達していないという結果につながっているといえよう。

▶ 注

1） 三圃農法とは，村の耕地を区画整理して全体を3つの部分に分け，そのうちの1ヵ所は休閑地とし，地力の回復を待って穀物を植えていく農法ないし制度である。農民は3つの区画のそれぞれに自分の持分地を持ち，収穫物を手にすることができた。そのために共同耕作が必要とされたが，重量有輪犂が開発されるなどの技術革新によって，それが可能になった。
2） 阿部謹也『中世の窓から』朝日新聞社，1981年，213-214ページ。
3） 同上書，220-221ページ。
4） Le Goff, J., *La Bourse et la Vie-Économie et religion au Moyen Age*, 1986. 渡辺香根夫訳『中世の高利貸し——金も命も』1989年，法政大学出版局，88-90ページ。
5） 古田暁訳『ベネディクトの戒律』2000年，すえもりブックス。ベネディクトゥスはラテン読みであるが，イタリア読みだとベネディクトになる。訳題はイタリア読みに拠っている。
6） 阿部謹也『甦る中世ヨーロッパ』日本エディタースクール出版部，1987年，154ページ。
7） monteは山の他に銀行という意味もある。したがって"慈善銀行"と訳すこともできる。
8） Gelpi, R. M. and Labruyère, F. J., *Histoire du Crédit à la Consommation*, 1994. 木下恭輔監修，アコム・プロジェクトチーム訳『消費者クレジットの世界

史』金融財政事情研究会, 1997年, 160ページ。

▶ **参考文献**

Bloch, M., *Mélanges Historiques II*, 1963. 森本芳樹訳『西欧中世の自然経済と貨幣経済』創文社, 1982年。

Frank, K. S., *Geschite des Christlichen Mönchtums — Wissenchaftliche Buchgesellschaft*, 1993. 戸田聡訳『修道院の歴史——砂漠の隠者からテゼ共同体まで』教文館, 2002年。

Gelpi, R. M. and Labruyère, F. J., *Histoire du Crédit à la Consommation*, 1994. 木下恭輔監修, アコム・プロジェクトチーム訳『消費者クレジットの世界史』金融財政事情研究会, 1997年。

Goetz, H. W., *Weltliches Leben in frommer Gesinnung? — Levensformen und Vorstellugs — Welten im früen und hohen Mittelalter*, 1998. 津山拓也訳『中世の聖と俗——信仰と日常の交錯する空間』八坂書房, 2004年。

Jordan, W. C. *Women and Credit in Pre Industrial and Developing Societies*, 1993. 工藤政司訳『女性と信用取引』法政大学出版局, 2003年。

Le Goff, J., *La Bourse et la Vie-Économie et religion au Moyen Age*, 1986. 渡辺香根夫訳『中世の高利貸し——金も命も』法政大学出版局, 1989年。

——, *La Naissance du Purgatoire*, 1981. 渡辺香根夫訳『煉獄の誕生』法政大学出版局, 1988年。

阿部謹也『中世の窓から』朝日新聞社, 1981年。

——『甦える中世ヨーロッパ』日本エディタースクール出版部, 1987年。

半田元夫・今野国雄『キリスト教史Ｉ——宗教改革以前』〈世界宗教史叢書１〉山川出版社, 1977年。

『聖書』（口語訳）日本聖書協会, 2003年。

古田暁訳『ベネディクトの戒律』すえもりブックス, 2000年。

『岩波キリスト教辞典』岩波書店, 2000年。

第3章　相互扶助精神からみた庶民金融のあり方

1　借金とはいかなるものか

1-1　借金に対するイメージ

　「借金」とはいかなるものであろうか。「庶民金融」を考えるにあたり，本章ではまず借金のイメージから捉えていきたい。

　借金に対するイメージには，おおよそ「借金＝恥＝悪」というイメージと「借金＝便利＝善」という，相対するイメージを考えることができる。

　借金を「悪」とするイメージとしては，「借金をする人はだらしない人」「借金をする人は自己管理ができない人」といったように，「借金をする人」のイメージから捉えることができる場合があるだろう。「借金をするはめになったのは，もともと自分の収入の範囲内で消費生活ができない人であり，自分を理解できない駄目な人である」という考えからくるものである。また，「借金をすれば怖い取立てに合い，毎日が地獄になる」といった，「貸し手の態度」からくるイメージもある。「借金をすれば地獄」というもので，二度と普通の生活には戻れないというイメージである。さらに「借金をすれば，最後は多重多額債務者となり自己破産をしてしまう」「家族から見放されて，離婚されてしまう」「借金返済のために犯罪を犯してしまう」といったイメージもある。これらは，社会的な問題として取り上げられるものであり，借金の結果がもたらすものといえる。

　しかし「借金」には良いイメージもある。例えば「住宅購入の際には住宅ローンは当たり前である」「自動車ローンを利用して車を買う」「奨学金をもらって進学する」などがそうである。これらの借金はいわゆる「目的ローン」と呼

ばれるものであり，目的を果たすために借金をする，特に土地・家屋や自動車といった資産となるもの，あるいは教育に関するものについては，利用すべきものであるというイメージがある。また「いざというとき不足する分を借りる」ことについては，例えばそれが葬式の御香典とかであれば悪いということはなく，後に返済するから「いざという時に便利」というイメージもある。さらに，クレジットカードに至っては，昨今，海外旅行をするためには必要不可欠なものとして重宝されるし，ゴールドカード等，上位にあるカードを保有することはステイタスシンボルともなっている。

では借金とは，本当は，「善」なのだろうか「悪」なのだろうか。

1-2 十如是という智慧

仏教の智慧の1つに「十如是」というものがある。これについては，日蓮正宗高照山妙光寺のホームページに掲載されている日曜講話の「『十如是相』の意義について」で説明されている。

> 仏様は，御仏智の上から，万物の法界の実在，実相を深く達観あそばされまして，「唯佛と佛とのみ，乃し能く諸法の實相を究尽したまえり。所謂諸法の如是相，如是性，如是體，如是力，如是作，如是因，如是縁，如是果，如是報，如是本末究竟等なり」（法華経八九ページ）と，人間の命も，また宇宙法界の万物の事象も，すべて諸法の実相は，この十如是の原理を離れてはありえないということを御説きになっていらっしゃるのであります[1]。

つまり，十如是とは，「すべての存在には，十種の在り方があり，それは如是相，如是性，如是体（體），如是力，如是作，如是因，如是縁，如是果，如是報，如是本末究竟等からなる」ということである。

「如是相」とは，あらゆる存在には，必ずもちまえの相（すがた）があるとするものである。「如是性」とは，相あるものには，その相にふさわしい持ち前の性質というものが必ずあるとするものである。「如是体」とは，相があり，性質があるものには，そのものの主体がある。この主体とは特別な存在で，永

遠に変化することがなく，他との関係もなしにそれ自体で存在するものではなく，そのもの自体のことである。「如是力」とは，体あるものは，必ずそれにふさわしい力を持っているとするものである。「如是作」とは，力があれば，それは必ずいろいろな作用を起こすとするものである。

ここまでは，個々の存在の本質とその働きについて述べているが，この宇宙間には無数のものが存在しており，その力の作用はあらゆるものの間に働きあっている。したがって，例外なく次の法則へとつながっていく。

「如是因」とは，ものごと（現象）が起こるには，必ず原因というものがあるとするものである。つまりその原因となるものである。「如是縁」とは，ものごとの原因となる因は，それが何かの機会や条件にめぐまれないと結果として現れてこないことから，因を果に導く条件をいう。「如是果」はある因がある縁にあって，ある状態を実現した結果であり，この因がこの縁にあえば必ずこういう結果がでるものというものである。さらに「如是報」とは，結果というものは，だたそれが実現したというだけにとどまらず，必ず後に何ものかを残すものであり，果からさらに影響されて実現するものである。

そして最後に「如是本末究竟等」であるが，どんなものも，どんなことがらも，どんな働きも，1つとして宇宙の真理である法則によって動いているのであり，この法則を離れることはできず，「相」から「報」まで，すなわち初めから終わりまで（本末），つまるところ（究竟）宇宙の法則の通りになる点においては等しい（等）ということを示している[2]。

1-3 光転と暗転

さて，あらゆるものごとは上記のように十の視点から眺めることが可能であるが，大切なこととして，あらゆるものごとは，私たち人間に「混沌とした状態」で向かってくるということがある。すなわち，人間の目の前に現れる事態は，カオス（混沌）としてその姿を現し，人間がその事態にふれることにより，カオスに形を与えていくということである。

そしてさらに大切なことは，人間は，ただ単にこの「カオス」に形を与えるだけではないということである。人間はその「カオス」にふれることで，光も

闇も引き出してしまう存在なのである。そして「カオス」の中には，あらゆる「暗転」の因子と「光転」の因子が織り込まれており，未来やがて現れることになるすべての闇の因子と光の因子があらかじめ，「カオス」の内に種子のように潜んでいるのである[3]。

すなわち，あらゆる事態は，悪い結果を導き出す「暗転」の因子と好ましい結果を導き出す「光転」の因子を内在しつつ，因（人間）にめがけてやってくるのであり，その事態から「暗転」の因子を引き出すのも「光転」の因子を引き出すのも，人間に任されているということである。例えば「原子力エネルギー」という事態から「光転」の因子を引き出すならば，それは地球温暖化を防止する電力の供給ということになる。しかし「暗転」の因子を引き出すならば，それは一瞬にして多くの人々を殺傷し，すべてを破壊する原子力爆弾の開発，ということになるのである。

1-4　借金の十如是

さて，上記の「十如是」という智慧と「暗転と光転」という智慧を用いて，「借金」という事態について考察していこう（**図Ⅰ-3-1**参照）。

まず，借金の暗転の因子を基にした「十如是」の前半の部分，すなわち如是相から如是作までを考察してみよう。借金の「如是相」はすがた・形，「見た目」であるから，借金のそれは「借用証書」ということになる。また，法律上は民法587条を根拠とした「金銭消費貸借契約」ということになる。その他にも見た目ということから，「お金の移動」「融通」が借金の「如是相」ということができる。

その性格，「如是性」であるが，これは暗転の場合は，「その場しのぎのための借金」という性格を示すことになる。とりあえず「お金が足らない，何とかしたい」というときに，十分な検討をせずにお金を借りようとする。つまり，その場しのぎのために借金をするという性質が借金には内在されているのである。

そして，借金をする目的がその使命として存在することになる。つまり「如是体」として「今の生活水準の維持」のため，また「どうしてもあれが欲し

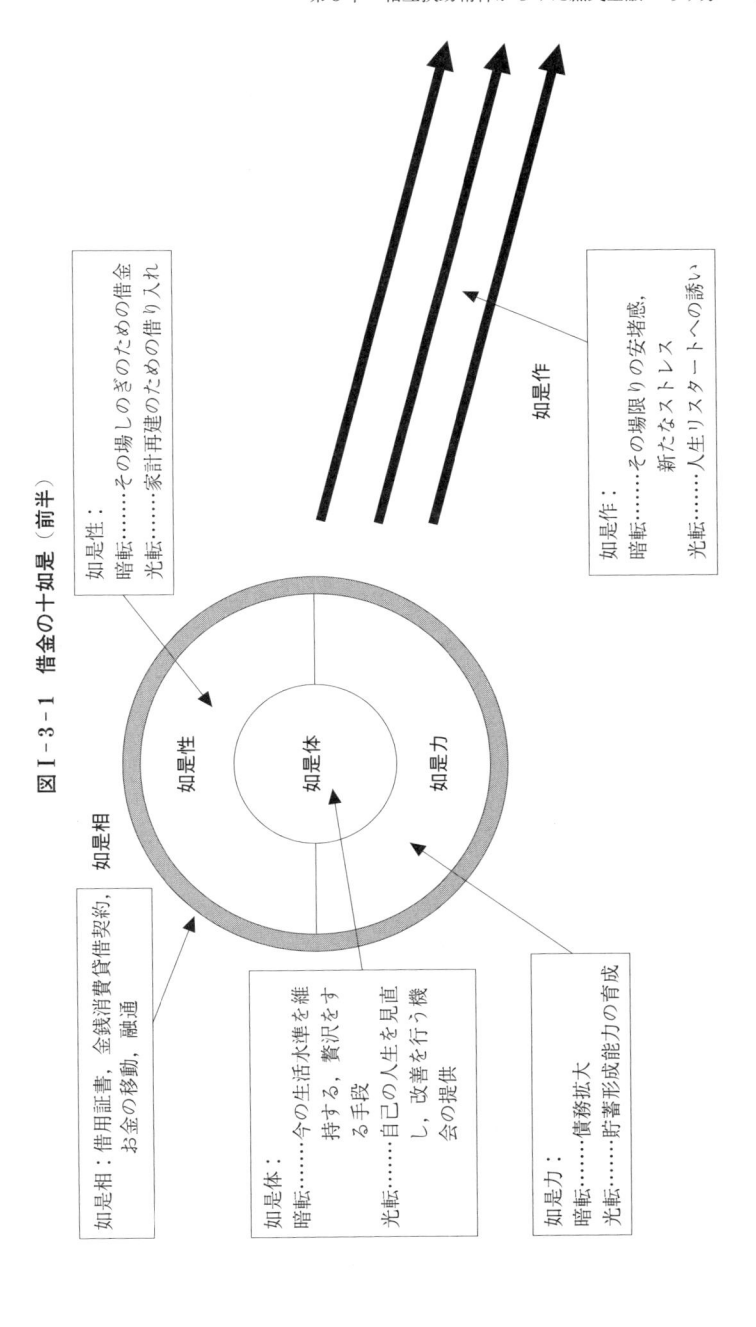

第3章 相互扶助精神からみた庶民金融のあり方　67

図Ⅰ-3-1　借金の十如是（前半）

如是相
如是相：借用証書，金銭消費貸借契約，お金の移動，融通

如是性：
暗転……その場しのぎのための借金
光転……家計再建のための借り入れ

如是作
如是作：
暗転……その場限りの安堵感，新たなストレス
光転……人生リスタートへの誘い

如是体：
暗転……今の生活水準を維持する，贅沢をする手段
光転……自己の人生を見直し，改善を行う機会の提供

如是力：
暗転……債務拡大
光転……貯蓄形成能力の育成

い」といった「ぜいたくをする手段」として，借金をすることになる。

　収入が減っているのに，今の生活水準を維持しよう，あるいはぜいたくをしたいということから借金をすれば，当然自分をみつめ直すことはしないので，今月ぜいたくをすれば，来月もぜいたくをしたくなり，結局は借金がどんどん増えていくという「債務拡大」というエネルギーが増幅されていくことになる。

　その場しのぎのために借金をすれば，その場では「何とか遣り繰りできた」という「その場限りの安堵感」を得ることができるであろう。しかし，それが積もり積もっていけば「返さなければ，返せるだろうか」という「新たなストレス」が発生することになる。これが借金の暗転の「如是作」である。

　さて，ここまでは借金自体が持っている暗転の「十如是」の前半をみてきた。これに対して，借金の光転の因子を基にした「十如是」はどうであろうか。

　まず，相の部分は「見た目」であるから同じことになる。見た目では良いのか悪いのかは判断できないといえよう。

　しかしその性格は光転の場合には大きく異なることになる。借金をしなくてはならなくなったのは収入と支出のバランスが壊れたからであり，収入以上に支出が大きくなってしまったから借金をせざるをえなくなってしまったのである。故に，「借金をする」というこの事態から，またこの機会を通して，自分の収入と支出を見直すことができる。つまり，バランスが崩れてしまった「家計を再建するためのきっかけ」として借金をするということが考えられる。意外かもしれないが，借金には「家計再建のための借入」という「如是性」を持っているのである。

　借金は上述のように，自分の収入と支出のバランスが崩れてしまったから生じている事態である。それを引き起こしてしまったのは何故なのか。借金は「無駄遣いをしていないか」「遊びにお金をかけすぎてはいないか」ということを呼びかけているのである。もしからしたら「片付けが下手だったから，あるはずの物を探さずに，新しいものを買おうとしているのかもしれない」「毎晩カラオケやパチンコに行って憂さ晴らしをしているのかもしれない」という呼びかけを借金は含んでいる。つまり，借金の「如是体」は「自己の人生を見直し，改善を行う機会を提供」するという使命を帯びている。

それに気付いて，借金返済のために家計を遣り繰りし，返済資金を捻出して，返済を続けていけば，それは借金完済時には，その分だけ貯金をする力を得ることになる。借金には「貯蓄形成能力の育成」という「如是力」，エネルギーを持っているのである。

そして，このような光転の因子からくる借金のエネルギーは，自分の人生を見直すことから「人生リスタートへの誘い」という「如是作」を持っている。

さてここまでは，借金それ自体が持っている暗転と光転の因子をみてきた。この借金に内在されている暗転と光転の因子のどちらの因子を引き出すかは人間に，すなわち「因」に任されている。因は借金を目の当たりにしてどのように感じるのであろうか。また暗転から考察していこう（**図Ⅰ-3-2参照**）。

様々なタイプの人間がいるので一概にはいえないが，典型的な人として「借金をしてしまった」と感じている人について考えてみる。彼は「自分では解決不可能」という意識を心の奥深くに持っているため，「借金を返せなくなったらどうしよう」という恐怖で借金を捉えることになる。しかし，自分では解決不可能と感じているので，積極的に解決方法を見出そうとはせず，現実から「逃避」することによって，心の安定を求めることになろう。ギャンブルに走るかもしれないし，お酒に呑まれるようになるかもしれない。

いずれにせよ，このような人を目の当たりにすると，誰でも「だらしない。駄目な奴」思うであろうし，積極的に関わろうとはしなくなる。周りの人が誰も助けようとしなければ，頼る所は「新たにお金を貸してくれるところ」ということになる。しかし，業者にも良い業者と悪い業者がある。このよう人は，確実に貸してくれる業者に近づいてしまう可能性が高い。それは「無審査・即融資」といった広告であり，故に不適切な業者からの借入に走りやすくなるのである。このような業者としては「闇金融」「整理屋」「紹介屋」「高利貸し」などがある。彼らの貸付のシステムは上述のような「無審査・即融資」というシステム不在である。このような悪徳業者と付き合うと「その場しのぎ」に東奔西走し，借りては返し，返してはまた借りるといった「自転車操業」に陥ることになる。

このような「如是縁」に引っぱられると，結果（「如是果」）として「経済力

第Ⅰ部　庶民金融の歴史と思想

図Ⅰ-3-2　借金の十如是（後半）

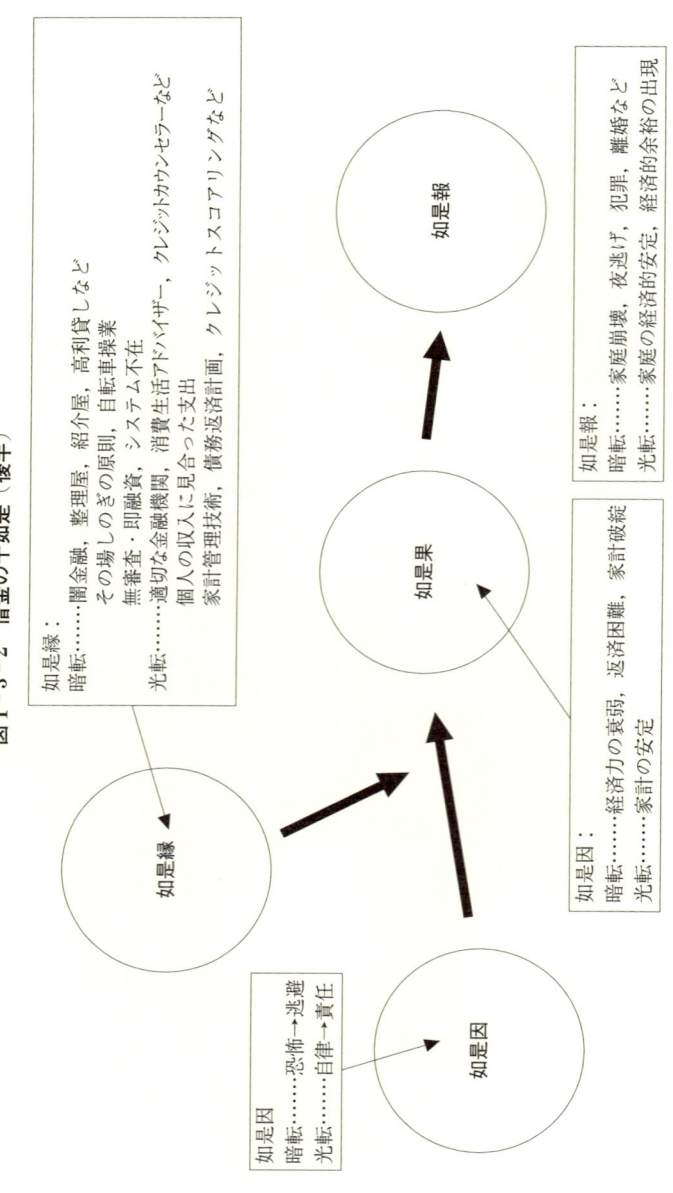

如是縁：
暗転……闇金融、整理屋、紹介屋、高利貸しなど
　　　　その場しのぎの原則、自転車操業
　　　　無審査・即融資、システム不在
光転……適切な金融機関、消費生活アドバイザー、クレジットカウンセラーなど
　　　　個人の収入に見合った支出
　　　　家計管理技術、債務返済計画、クレジットスコアリングなど

如是報：
暗転……家庭崩壊、夜逃げ、犯罪、離婚など
光転……家庭の経済的安定、経済的余裕の出現

如是因：
暗転……経済力の衰弱、返済困難、家計破綻
光転……家計の安定

如是因
暗転……恐怖→逃避
光転……自律→責任

如是本末究竟等
暗転……人生破綻
光転……人間復興、経済主体として自立

の衰弱，返済困難，家計破綻」となってしまう。さらに家庭は崩壊し，返済できないから夜逃げをするしか方法がなく，あるいは強盗といった犯罪に走ってしまう（「如是報」）。あとは自己破産をするか，自殺をするかしかなくなってしまい，こうして，「如是本末究鏡等」として，人生破綻をまっしぐらに突き進んでしまう。

　一方，光転の場合はどうであろうか。「借金をした」という事実を「自分をみつめ直す機会」と真摯に捉え，何とか家計再建を果たそうと決意した人（「如是因」）であれば，まずは自らを律するという「自律」の精神が芽生えることになる。そして，「自律した家計を目標として，家計管理者としての責任を持って」事態に臨むことになる。

　しかし，借金をしなくてはならなくなったのは「自分の家計バランスが崩れていたから」である。したがって，家計改善の技術を身に付けなければならない。また，借金するにあたっても適切な金融機関からお金を借りなくてはならないことはいうまでもないであろう。故に，「如是縁」を整えることを第1に考えることになる。

　適切な金融機関とはどのような業者のことをいうのであろうか。それは，クレジットスコアリングという技術に基づき正しく審査を行い，貸せない場合には説明をしてくれる業者である。また，その金利も適法であり，借り手に対して「債務返済計画」を策定してくれる業者ということが最低限必要とされる。

　また，適正な金融機関から借り入れるだけでなく，光転を望むのであれば，「個人の収入に見合った支出」に心がけることが大切である。しかし，借金をしなくてはならなくなったということは，自分ではこのノウハウを取得できないということを意味する。故に，家計管理技術を身に付けるために，消費生活アドバイザーやクレジットカウンセラーに相談して，適切なノウハウを教授してもらう必要性がある。

　こうして，家計管理技術を身に付け，債務返済計画に基づいて借金返済を続けていけば，「如是果」として「家計の安定」を得ることができる。家計が安定すれば「如是報」として「家庭の経済的安定」を得ることができるし，借金を全部返済した後には「貯蓄能力」が身に付くので「経済的余裕が出現する」

ことになる。こうして，「如是本末究竟等」として，「人間復興」することができ，「経済主体として自立」することになる。

1-5　借金は善か悪

このように，借金という事実から自分の人生を「暗転」させるか，「光転」させるかは借金をする人間に任されているといえる。この「十如是」という智慧と「暗転と光転」という智慧を用いると，借金に対する考え方を整理することができる。すなわち，「借金はそれ自体は善でも悪でもあり，借金をそのどちらかにするかはすべて因である人間に任されている」ということである。

2　相互扶助精神

上述のように，人間は借金を善にも悪にもすることができる。しかし，当然のことではあるが，借金によって身を滅ぼそうとする人はいないであろう。むしろ借金をしてしまってはいるが，何とか改善できるものであれば改善して，普通の生活を送りたいと誰しもが願うはずである。

しかしそうするには，因を確立し，縁を整える必要がある。因を確立することはもちろん自分自身の考え方ひとつであるが，縁を整えるためには，適切な金融機関からの借入が大切となる。では，因である借り手と縁である適切な金融機関はどのような関係を結ぶ必要性があるのであろうか。そこで次に，「相互扶助」をキーワードにして考察していこう。

2-1　相互扶助論

ピョートル＝クロポトキンは『相互扶助論』において，相互扶助を自然界および人類界の発展のための重要な要因として論じている。すなわち本書では，相互扶助と個人的自己肯定をあげ，一般的には個人的自己肯定に基づく「競争」や「闘争」が歴史を造り上げているとし，相互扶助に基づく発展については否認されているとしている。

しかしながら，相互扶助は「人類界では戦争や闘争の場合の成功ですらもそ

の相戦う各国民，各都市，各党派，もしくは各氏族の内部における相互扶助の発達に比例することを知り，かつこの戦争すらも進化の行程の間には国民，都市，または氏族の内部における相互扶助の進歩のためにある程度まで役立つものであることが分かれば，進歩の一要素としての相互扶助作用が支配的勢力をもっていることがすでに認知されたのである。またわれわれには，相互扶助の実行とその引続いての発達とが人類をしてその芸術の知識と理性を発達せしむべき社会生活の諸条件そのものを創出し，かつこの相互扶助的傾向にもとづいた諸制度のもっとも発達した時代が，等しくまた芸術や工業や化学のもっとも発達した時代であることを見た[4]」とも述べている。

また，相互扶助は倫理的観念，道徳的観念において最も重要な価値が与えられており，最後に「人は，愛という常に個人的なもしくはたかだか氏族的なものによってではなく，自分がいっさいの人類と一つのものであるという意義に訴えて，その意義によって自分の行為を導かれるようになって来た。かくしてわれわれは，人類進化の最初にまで遡ることのできる相互扶助の実行の中にわれわれの倫理観念の疑うべからざる確実な起原を見出すのである。そしてわれわれは，人類の道徳的進歩においては，相互闘争よりもこの相互扶助の方が主役を勤めていると断言することができるのである。そしてまたわれわれは，この相互扶助が今日なお広く拡がっているということに，われわれ人類のさらに高尚な進化の最善の保障を見出すのである[5]」としている。

このように，相互扶助という精神は，基本的には倫理的，道徳的観念ではあるが，実際に人類の発達には重要なキーワードとして存在していることを指摘しているのである。

2-2 二宮尊徳の五常講

では，借金においてこの相互扶助という精神は存在するのであろうか。相互扶助的精神を基とした金融システムに二宮尊徳の「五常講」というものがある[6]。

五常講は，尊徳が文政3年（1820年）に小田原藩士の救済策として立案したものであり，儒教で定められている人道としての根本原理である「仁・義・礼・智・信」の徳を基本とし，この5つの徳を絶えず実践している人間同士で

あれば，人間関係の信頼が損なわれず，返済が滞りなく行われ，したがって貸借関係が正しく確立する，とするものである。この5つの徳とは，以下のように説明されている。

> 金銭の積立てや貸借では，確実に約束を守るのが最大要件である。この約束を必ず守るというのが「信」である。この信を行うためには余裕のある人が余裕のない人へお金を貸し付けるために余裕金を差し出すことが必要で，これを「仁」という。借りた人が約束を守って正しく返済することを「義」という。また，約束を守って返済した後，貸してもらったことに対して感謝し，その恩義に報いるために推譲の心で冥加金を差し出したり，また返済その他についても，貸してくれた人に対して迷惑をかけないように心を配ったり，余裕金を差し出したりしても，決していばったりしないこと，これを「礼」という。また，どうしたら余裕金が出来るか，どうしたら早く確実に返済できるかを工夫し，貸す人，借りる人がお互いに利益が多くなるように努力すること，これが「智」である。このようにして，仁・義・礼・智・信の5つは，ことごとく「信」の一字に要約される。そして，この根源は親が子を愛するような「仁」の心に発源するのである。[7]

このように，金銭の貸借にあたっては，五常を基として行われることを大原則とすることがまず必要である。

しかし理念だけが存在していても，実際のシステムがなければ，それを実現化することはできない。五常講では具体的なシステムも確立されている。すなわち，貸付の手法としては，借り受ける人々の生活状態に応じて（分度に応じて）利率と返済年限を変えた。百石百両五分利，百石百両七分利，百石五十両八分利，百石三十両八分利，百石百両一割利など数種のプランをつくり，返済年限も12ヵ年，17ヵ年というように，数種類に分けている。[8] このように五常講のシステムには，現在消費者金融で取られているクレジットスコアリングと同じコンセプト，すなわち借り手の生活状況に応じた貸付と金利が設定され，返済期間も数種類設定されているのである。

第 3 章　相互扶助精神からみた庶民金融のあり方　75

　また返済資金の遣り繰りついても，尊徳は借り手にアドバイスをしている。例えば小田原藩の家老服部十郎兵衛の家に中間として奉公していた時に，女中に飯の経済的な炊き方を教え，節約した薪代を主人に代わって金銭で支払い，主婦となる日の心得を教えるとともに，返済資金の捻出方法を教授している。このように薪を節約して返済資金を捻出する方法を「槇倹約からくり糸」という。このように五常講には，家計管理技術の教授という消費者教育の理念も含まれているのである。

　さらに，尊徳は借金の無心に来た人に対して状況を詳細に聞き，五常の精神に反するものには不適切な心得を改めさせることも行っている。『報徳記』巻之四にある出来事であるが，下野国芳賀郡中里村に居住していた中村玄順が尊徳に面会し，25両の借金を乞うた時のことである。尊徳は「今の世，借金で苦しむものはあなたばかりではないが，あなたの御君主の政治は正しく行われ，国は富み，民は豊かですか」と尋ねたところ，玄順はそれを否定し，君主の艱難はもちろんであるが，自分の扶持米もごくわずかで，大変困窮しているので助けてくれ，という旨を訴えた。しかし尊徳は，家臣たるものは君主が艱難に苦しんでいる時，それを助けるものであるにも拘らず，自分の利害だけに目を向け，自分だけが助かろうとしているというのは忠義に反するもので，そのような人には貸せない旨を伝えている。その後玄順は改心し，藩の建て直しに活躍することになった。このエピソードでは単純に貸付拒否の理由を述べているだけにすぎないようにも思える。しかし尊徳は玄順に対して，彼が理解できるように諭し，改心させ，彼は生活態度を改め，以前とはまったく異なる人物として活躍することになり，クレジットカウンセリングとして，最も理想的な結果を導いている。

　またさらに，尊徳は貸し手の心得も語っている。『二宮翁夜話』巻之二において

　　夫無利息利息貸付の道は，元金の増加を徳とせず，貸付高の増加を徳とするなり，是利を以て利とせず，義を以て利とするの意なり，元金の増加を喜ぶは利心なり，貸附高の増加を喜ぶは善心なり。

と語っている。すなわち，貸し手は利益を追い求め，利益の増加を追求するのではなく，より多くの貸付ができることを喜ぶべきである，とするものである。それは，五常の精神より理解することが可能である。五常の精神では，貸し手は自らが余財より蓄えた徳（お金）を貸し付けることを「仁」としており，故に貸付残高が増加するということは，自らの徳が高まったことを示すものであるからである。一方貸付による利益は利子であるが，これは借り手がその貸付に対して感謝の心を込めて支払う「礼」であるから，これを要求することは不徳であると考えているのである。故に利益増加を喜ぶのは不心得者がすることになるのである。

また，さらに貸し手と借り手双方が，相手方に対してどのような態度で臨むべきかも指南している。はやり『二宮翁夜話』続編において，

> ある人が言った。私は借金も千円ありますが貸し金も千円あります。どうしたらよいでしょうか。翁はこう言われた。「これはまことにおもしろいことだ。おまえが借り方に向って言う気持ちで貸してある方に話し，貸し方に向かって言う気持ちで借りている方に談判したらよい。そうすれば両方うまくいくだろう。」[14]

と記されている。すなわち，貸し手も借り手も相手方の気持ちを汲んで対応することを求めているのである。これは今日の違法な取り立てに対する戒めにも通じるし，無理な借入れ要求に対する戒めにも通じるものである。

以上のように，五常講の精神はまさに相互扶助の精神に通じているといえよう。それは，貸し方にも借り方にも等しく「仁・義・礼・智・信」という五常の精神を基とて貸借関係を結び，借りる側は正しく生活をなし，返済資金を捻出する一方，貸し方においてもただ単に貸し付けるのではなく，正しいシステム，正しいアドバイスを行い，返済が滞らないように借り手の同伴者として関わりを持つことの大切さを教えているからである。また，正しく返済されることによって，新たな貸付を行うことができることを大切にし，利益の増加ではなく，より多くの人に仁をもって貸付を為すことができることを喜ぶべきこと

を示しており，借り手，貸し手双方の存在を大切にしているといえる。

　五常の精神に基づく金融システムは，道徳的色彩の強い金融システムである。しかし，それはお互いがお互いの立場や状況をしっかりと認識し，相互に深い関わりを持って相互に助け合うという相互扶助精神に立脚したものなのである。

3　庶民金融と相互扶助精神

　五常講は，貸し手と借り手の相互の関わりを五常の精神を通して結び，お互いの存在を通して，お互いの存在を支え合うものであった。この五常講は世界最初の信用組合として取り上げられるものであり，システム化された庶民金融であるということができる。その庶民金融としては，わが国では，頼母子講や無尽講などがかつて存在していた。

3-1　沖縄の模合

　沖縄では，今でも「模合（もあい）」として庶民金融が残っている。ナイチャーズ編の『沖縄いろいろ事典』によると，

　……模合は，沖縄でとてもポピュラーな金銭的相互扶助システム。メンバーが定期的に集まって一定の金額を出し合い，その集まったお金を順番にとるという仕組みだ。お金をとる人を入札で決めるなど，模合ごとにいろいろ取り決めがあるそうだ。本土でいう無尽講，頼母子講。戦後，金融機関の整備が遅れたことが，沖縄で模合が盛んになった原因のひとつといわれ，家の新築や子供の進学に，はたまた事業資金を模合で作ったという話も聞いたことがある。人生のかなり本格的な場面で，頼りにされているようだ。現在は，1回に出す金額も1万円とか2万円。親戚同士や，友達のコミュニケーションの場として気軽に楽しむ模合が多い。……[15]

と紹介されている。実際に沖縄では金融機関以外からの借入れ金額残高が全国1位である。また**表Ⅰ-3-1**でその内訳をみると「その他」の項目が他の地域

表 I-3-1 地域別1世帯あたりの負債残高（平成12年、全世帯、単位：千円）

	北海道	東 北	関 東	北 陸	東 海	近 畿	中 国	四 国	九 州	沖 縄
負債総額	3,066	4,962	6,744	5,019	4,336	6,136	2,940	5,381	3,733	3,975
金融機関	2,780	4,566	6,160	4,625	3,838	5,538	2,631	4,982	3,282	3,349
金融機関外	286	395	584	395	498	597	320	399	451	626
社内貸付等	120	258	416	146	310	337	177	273	223	273
親戚・知人	16	3	75	184	88	122	13	15	63	106
月賦・年賦	140	113	84	61	83	123	116	109	153	48
その他	9	22	9	1	17	15	13	2	12	199

同負債総額に対する割合

	北海道	東 北	関 東	北 陸	東 海	近 畿	中 国	四 国	九 州	沖 縄
負債総額	100.0%	100.0%	100.0%	100.0%	100.0%	100.0%	100.0%	100.0%	100.0%	100.0%
金融機関	90.7%	92.0%	91.3%	92.1%	88.5%	90.3%	89.5%	92.6%	87.9%	84.3%
金融機関外	9.3%	8.0%	8.7%	7.9%	11.5%	9.7%	10.9%	7.4%	12.1%	15.7%
社内貸付等	3.9%	5.2%	6.2%	2.9%	7.1%	5.5%	6.0%	5.1%	6.0%	6.9%
親戚・知人	0.5%	0.1%	1.1%	3.7%	2.0%	2.0%	0.4%	0.3%	1.7%	2.7%
月賦・年賦	4.6%	2.3%	1.2%	1.2%	1.9%	2.0%	3.9%	2.0%	4.1%	1.2%
その他	0.3%	0.4%	0.1%	0.0%	0.4%	0.2%	0.4%	0.0%	0.3%	5.0%

(注) 1．「親戚・知人」は住宅・土地のための借入金に限る。
2．統計は昭和63年までは「無尽・頼母子講」の項目があったが、平成元年より「その他」へ算入されるようになった。
(資料) 総務省統計局『平成12年 貯蓄勤向調査報告』日本統計協会、平成13年、より作成。

と比較して飛び抜けて高く，負債総額の５％にも及んでいる。この「その他」には「無人・頼母子講」を含んでおり，模合が広く普及していることを物語っている。この模合は，沖縄における相互扶助精神に基づく「ユイマール」や「プー（賦）」に依存している。ユイマールとは「助け合い」のことであり，またプーには働けるものすべてが動員される総動員賦と共同活動の必要に応じて賦課されるものがあり，多くの公共施設建設の際に課されていたものである。[16]

3-2　頼母子講および無尽講

また頼母子講および無尽講については，宮本又郎・高嶋雅明両氏の著書『庶民の歩んだ金融史』に詳しく紹介されている。

　　講とは元来，仏教の経典の講義を行うことを主とする儀礼について指す言葉であったが，次第に社寺参詣を営む団体の名称，あるいはその修繕・維持をなす団体を指すものとなり，さらに構成員の経済的共済を目的とする組織をも意味するようになった。
　　頼母子講は鎌倉時代から行われていたようで，他人の好意・同情を「たのむ」という言葉から出たように，もともと互助的な無利子融通組合であった。土倉・借上などのような当時の営利的金貸し業者に対して，零細民が金穀をもちより，互いに融通しあう無利子・無担保の組織であった。しかし，やがて頼母子金を受け取ったあと，懸銭を怠る者も出てきたので，担保を取るようになり，さらに室町時代になると，利子を取るものも現れるようになった。
　　これに対して，無尽は中国の無尽銭を語源としているようで，もともと土倉などが行っていた質物金融をいう。しかし，頼母子が漸次担保・利子付きとなるに及び，次第に無尽との差がなくなり，江戸時代では，主として上方では頼母子，関東では無尽の語が使われた。
　　頼母子・無尽は親と称する発起人とこれが募集した仲間があった。この組織で，仲間は諸衆または講中と呼ばれた。講中は規約に従い，時を定めて集会し，毎回一定の懸銭を拠出し，これに対して入札または抽選の法により落札者を定めた。落札によって受け取る金銭を取足と称した。一度落札したも

のは取過衆と呼ばれ、再び入札またはくじ引きを受ける権利を失い、以後は懸銭を納める義務のみ負担した。取過衆の落札後の懸銭は取分之懸足といわれたが、これは頼母子講に対する債務の弁済であったから、その支払い義務を担保するため質物の差し入れが求められ、また取足に対する利子支払いも要求された。これに対して取足を得ていない講中は何時にても入札・抽選の権利をもち、その懸銭には利息が付されなかった。[17]

このように、頼母子講・無尽講は古くから相互扶助を目的とした庶民金融として存続していたが、大正3年に無尽業法が制定され、無尽会社として金融制度の中に組み込まれることとなり、さらに戦後、無尽会社は相互銀行として組織替えを行い、無尽も相互掛金と名を変えて存続していたが、平成元年より相互銀行が第2地方銀行と順次普通銀行へ転換していく過程の中で、姿を消してしまったのである。

4　庶民金融は廃れいく存在なのか

上述のようにこれらの庶民金融は、わが国では現在ではほとんどが姿を消してしまっている。表Ⅰ-3-2では頼母子講および無尽講の1世帯あたりの平均残高とその保有比率をみたものであるが、昭和35年では平均残高で約5000円、保有比率も2割近くもあったが、年を追うごとに保有比率は低下して昭和42年には10%を切り、さらに昭和49年には貯蓄・負債としての合計も5%を切り、昭和63年にはさらに双方合計で1%を切ってしまい、平成元年からは相互銀行の普銀転換に伴い、統計から姿を消してしまっている。これは上述の相互扶助論において、相互扶助は個人的自己肯定よりも人類の発展に寄与するあるいは保障するという観点からすると矛盾するものである。では何故、庶民金融は姿を消してしまったのであろうか。

4-1　金融における情報の重要性

金融取引は、大別すると「市場型金融取引」と「相対型金融取引」に分ける

ことができる。「市場型金融取引」とは取引所などの市場において定められている取引方法を基にして価格などの取引条件を決める取引であるのに対して，「相対型金融取引」は売買当事者が双方の合意により取引方法や取引条件を決めて行う取引である。

　市場型金融取引においては，市場参加者が不特定多数であるため，取引所の使命である「恒常的取引の維持」および「公正な価格の提示」を果たす必要性がある。そのため，取引のルール化，商品の標準化，情報のディスクロージャーが市場型金融取引には必要とされる。また，市場参加者は一定以上の能力を持っていることが暗黙の条件とされ，市場の参入・撤退の自由という原則に従い，能力が不足するものは市場から撤退を余儀なくされる。

　一方，相対型金融取引は貸し手および借り手双方の話し合いで取引方法や取引条件が決定されるため，特に取引ルールを定める必要性もなく，また取引参加者に関する制限も特に存在しない。逆に多様な取引参加者の可能性があるため，取引ルールに関する標準化が困難でもある。

　さて，市場型であれ相対型であれ，金融取引においては，取引や取引相手に関する情報がどれだけ公開されているかという「情報のディスクロージャー」が最も重要となる。何故なら，取引当事者は情報を基にして，取引条件を決定するからである。

　しかし，借り手と貸し手の間には「情報の非対称性」という問題が存在する。情報の非対称性とは，2つの経済主体の間に，一方が他方よりも質・量ともに優れたあるいは多くの正確な情報を有しているという関係がある場合をいう。この情報の非対称性は，その対象となる情報によって，①経済関係を締結する以前にすでに決定されていることに関する情報の非対称性，②経済関係を締結した後に決定されることに関する情報の非対称性があり，このため貸し手は，信用リスクの高い借り手が現れても，情報が不足する場合にはそれを認識する手段がないため，適正金利よりも高い金利を付すようになり，その結果，信用リスクの低い良質な借り手が市場から撤退してしまうという「逆選択」や，契約を締結することによって借り手の行動が変化し，それによって経済取引の円滑な進展を阻害してしまうという「モラル・ハザード」の問題が生じることと

表Ⅰ-3-2　無尽・頼母子講の1世帯あたりの残高と保有比率

	昭和35年	昭和36年	昭和37年	昭和38年	昭和39年	昭和40年
貯蓄としての残高	5.4	4.0	5.4	6.4	7.9	6.2
負債としての残高	—	—	—	—	—	—
貯蓄としての保有比率	19.8	12.7	14.1	15.0	13.3	12.2
負債としての保有比率	—	—	—	—	—	—

	昭和45年	昭和46年	昭和47年	昭和48年	昭和49年	昭和50年
貯蓄としての残高	3.3	3.3	3.6	4.9	6	7
負債としての残高	0.6	0.4	0.4	2.0	0.6	2
貯蓄としての保有比率	4.2	4.4	3.3	4.0	3.0	3.7
負債としての保有比率	1.3	1.0	1.0	1.3	1.1	0.9

	昭和55年	昭和56年	昭和57年	昭和58年	昭和59年	昭和60年
貯蓄としての残高	13	8	4	4	3	4
負債としての残高	0	0	0	0	1	0
貯蓄としての保有比率	2.4	2.2	1.5	1.6	1.2	1.2
負債としての保有比率	0.5	0.3	0.2	0.2	0.2	0.1

（注）　昭和43年までは落札などして掛金のみ残っているものについても「貯蓄」とした。
（資料）　総務省統計局『平成12年　貯蓄動向調査』日本統計協会，平成13年，より作成。

なる。故に金融取引においては，ディスクロージャーは情報の非対称性を小さくするために必要条件となるのである。

4-2　ディクロージャーの問題

　上記のように市場型金融取引においては，ディスクロージャーが重要な条件となる。それは，市場型金融取引においては不特定多数の市場参加者が取引を行うものであり，したがって取引の相手方の詳細な情報を知るためには，できるだけ多くの情報が公開されていることが重要だからである。
　一方，庶民金融の場合はどうであろうか。庶民金融は相対型金融取引の形態を基本とし，特定少数の参加者から成り立っている。それは一定の地域であるかもしれないし，同業者であるかもしれないし，知人・友人であるかもしれな

第3章　相互扶助精神からみた庶民金融のあり方　83

（全世帯，単位：千円，％）

昭和41年	昭和42年	昭和43年	昭和44年
6.2	6.1	5.7	5.8
—	—	—	0.2
10.7	9.2	9.0	5.8
—	—	—	0.8

昭和51年	昭和52年	昭和53年	昭和54年
8	6	9	13
1	1	1	1
3.4	3.3	2.7	3.0
0.8	0.6	0.7	0.7

昭和61年	昭和62年	昭和63年	平成元年
3	3	2	—
0	0	1	—
0.9	0.9	0.7	—
0.3	0.2	0.2	—

い。いずれにせよ，取引相手は一定の範囲内で，しかも何らかの同質性を持ったものから構成されている。

したがって，庶民金融の場合には基本的な情報は画一化，あるいは共有化されている。例えば同じ地域に居住する者であれば，その地域が持つ風土や習慣，マナーや倫理観を共有しているであろう。また同業者であるならば，業界の景気動向，技術，必要なコストなどが共有されている。したがって庶民金融における重要な情報とは，個別性の部分に限られることになるが，基本的にその情報は容易に入手することが可能である。それは噂話という水準から常日頃のコミュニケーションという水準に至るまで，高い頻度で形成される情報であり，相互の強い信頼関係の上に成り立っている組織だからである。そのため庶民金融においては，情報の非対称性は市場型金融取引に比較して小さいということがいえる。

しかし，金融システムが高度化し，情報技術が発達してくるに従って，市場型金融取引の方が合理的・効率的となってくる。さらに社会において個人主義が浸透してくるに従って，個々の情報は「プライバシー」として尊重されるようになり，個別情報を入手することは次第に困難になってくる。このような場合には，さらに審査基準として公開可能な情報を基としたシステムの利用が優位性を持つことになる。

結局，庶民金融はスロービジネスとして，非効率的・非合理的な存在となっていくのである。本来，スロービジネスは環境問題等から出現したものである。

スロービジネススクールのホームページには，以下のような趣旨が記されている。

> 経済を成り立たせるビジネスは，「経世済民」，つまり，「世の中を治め，人民の苦しみを救うこと」，そして「世の中を平和にして，人々を幸せにすること」のためのビジネスだったはずです。ところが，現在のビジネスの大半は，当然のように自分の会社や自分の国だけの利益を求め，未来世代のことにも配慮していません。その結果，環境破壊と貧富の差が拡大して，暴力的な世界が広がっています。こうした世界の根っこには，「独り占め」や「限度を知らない欲望」といったものがあり，それらが生み出す「弱肉強食の社会」が広がるほど，「食われる側」にはなりたくないという意識が強まり，競争が加速して，「ファーストビジネス」が拡大していったのではないでしょうか。こうした社会のあり方を変え，本来の経済を取り戻すにはどうすればいいのでしょう。そのための重要なキーワードの一つが「独り占め」の対極にある「シェア（分かち合い）」ではないかと思います。（中略）限度を知らない「奪い取る社会」を，もう少し「分かち合う社会」に変えていくには，環境や人のいのちを大切にする仕事が，少しずつでも増えていくことが重要だと私たちは考えています。そんな「いのちを大切にする仕事」のことを私たちは「スロービジネス」と名づけました。[18]

スロービジネスはファーストビジネスに対する概念として登場しているが，このようなスロービジネスに基づく発展は確実ではあろうが時間がかかりすぎるもの，高コストなものとして評価されるようになり，現代金融システムからは逸脱したものとならざるをえないのである。

また庶民金融は五常講にもあるように「信」を基とした相互扶助によって成り立っている。しかし，地域内や同業内でのコミュニケーションが低下すれば，「信」を保つためには別のもの，例えば担保を付与したり保証を付与しなければならなくなり，庶民金融のコア・コンセプトが「信」から「モノ」あるいは「他人」へと移行してしまうことになる。

こうして，庶民金融は次第に現代金融システムから逸脱してしまい，姿を消そうとしているということがいえよう。

4-3 庶民金融は本当に消滅してしまうのか

大学教授で弁護士である吉野正三郎氏の『庶民金融が消滅する日』という著書がある。吉野氏が語る庶民金融消滅は，上限金利規制の引下げの非合理性をあげるとともに，ハイパーインフレーションが発生した場合には，良質な消費者金融業者は資金調達コスト等により逆鞘となり，市場から撤退し，闇金融が闊歩する市場となってしまうというものである。本章とは趣旨がまったく異なるものであるが，「庶民金融が消滅する」という視点では同じであり，興味深い著書である。では本当に庶民金融は消滅してしまうのであろうか。

庶民金融は，上述の通り，市場型金融取引に比べて取引当事者間の関係がより緊密であり，粘着型の取引という性質を持つ。この粘着型取引は，一方では身内的結束を生んだり，価格競争以外の競争（接待や贈与など）を生みやすくなり，公正な価格の形成・提示という観点からすれば市場型金融取引より劣るものである。

しかし，それはまた当事者間の関わりが深いが故に，ディアコニアや福祉と[19]まではいかなくても，助け合いの精神，すなわち相互扶助精神に基づく取引が形成される余地を残しているともいえる。例えばメインバンクのラストリゾート機能などがその好例といえる。

このような相互扶助精神に基づく金融のあり方は，近年，地域金融機関の間でファイナンシャル・プランナーの育成や中小企業に対するアドバイザーの育成といった形で，徐々に拡大してきている。また消費者金融専業者においても，クレジット・カウンセリングによる債務者救済という形態や，お客さま相談室等の設置によるコミュニケーションの維持等によって引き継がれつつある。

庶民金融は，たしかにみえる姿，「如是相」では姿を消しつつある。しかしその精神は地域金融機関や消費者金融専業者に引き継がれている。特に貸し手と借り手の間で情報やノウハウにおける差があり続ける限り，「如是因」である借り手の光転の「如是縁」として，その存在の必要性は高まっていくと考え

られるであろう。

▶注
1） 日蓮正宗高照山妙光寺のホームページ http://www.myokoji.jp/ より抜粋。
2） お釈迦様の教え2．ホームページ http://www.tohgoku.or.jp/karosaki/sub6.htm より抜粋。
3） 高橋佳子『グランドチャレンジ——20世紀から21世紀への断層を超える——』三宝出版，1998年，106ページ。
4） ピョートル＝クロポトキン著，大杉栄訳『相互扶助論』（復刻版）同時代社，1996年，315-316ページ。
5） 同上書，319ページ。
6） 五常講については，芝崎正「五常講は世界初の信用組合」長澤源夫編『二宮尊徳のすべて』新人物往来社，1993年，67-88ページに詳しく紹介されている。
7） 同上書，82-83ページ。
8） 同上書，84ページ。
9） 児玉幸多責任編集『二宮尊徳』中央公論新社，1984年，13ページ。
10） 詳細については，芝崎正，前掲論文，77-79ページ。
11） その他にも夜遊びをやめ，その分を節約して返済資金に充てるという「夜遊法度からくり」もある。
12） 詳細については，児玉幸多責任編集，前掲書，106ページ以降を参照。
13） 奈良本辰也，中井信彦校注『二宮尊徳・大原幽学』岩波書店，1973年，144-145ページ。
14） 同上書，361ページ。
15） ナイチャーズ　垂見健吾他編『沖縄いろいろ事典』新潮社，1992年，119ページ。
16） 山本英治・高橋明善・蓮見音彦編『沖縄の都市と農村』東京大学出版会，1995年，246ページ。
17） 宮本又郎・高嶋雅明『庶民の歩んだ金融史』プロダクションF，1991年，100-103ページ。
18） スロービジネススクール公式ウェブサイト http://www.windfarm.co.jp/sbs/ より抜粋。
19） ディアコニアとは，イエス・キリストに倣い，奉仕の精神により施しを行う義とあわれみを示す相互扶助である。詳しくは，ヤープ・ファン・クリンケン著，小塩海平訳『ディアコニアとは何か——義とあわれみを示す相互扶助——』一麦出版社，2003年，を参照。

▶ **参考文献・資料**

高橋佳子『グランドチャレンジ——20世紀から21世紀への断層を超える——』三宝出版，1998年。

──『「私が変わります」宣言——「変わる」ための24のアプローチ——』三宝出版，2002年。

ピョートル＝クロポトキン著，大杉栄訳『相互扶助論』同時代社，1996年。

児玉幸多責任編集『二宮尊徳』中央公論新社，1984年。

長澤源夫編『二宮尊徳のすべて』新人物往来社，1993年。

奈良本辰也，中井信彦校注『二宮尊徳・大原幽学』岩波書店，1973年。

伊波貢『おきなわデータ算歩　庶民の経済データ100』沖縄タイムス社，2003年。

ナイチャーズ　垂見健吾他編『沖縄いろいろ事典』新潮社，1992年。

山本英治・高橋明善・蓮見音彦編『沖縄の都市と農村』東京大学出版会，1995年。

宮本又郎・高嶋雅明『庶民の歩んだ金融史』プロダクションＦ，1991年。

杉江雅彦編『証券・金融市場の新たなる展開』晃洋書房，2002年。

吉野正三郎『庶民金融が消滅する日』日新報道，2003年。

ヤープ・ファン・クリンケン著，小塩海平訳『ディアコニアとは何か——義とあわれみを示す相互扶助——』一麦出版社，2003年。

日蓮正宗高照山妙光寺のホームページ http://www.myokoji.jp/

お釈迦様の教え２．ホームページ http://www.tohgoku.or.jp/karosaki/sub6.htm

スロービジネススクール公式ウェブサイト http://www.windfarm.co.jp/sbs/

総務省統計局『平成12年　貯蓄動向調査報告』日本統計協会，平成13年。

第4章　庶民金融・質屋の役割とその変遷
──第2次大戦後を中心として──

はじめに

　質屋は庶民金融機関の中で最も馴染み深い機関である。一般には無産者，下層階級を対象として小口で短期の貸付（動産担保貸付）を行う金融機関としてその歴史も古く，彼らの生活を支えた庶民金融の代表的機関であるといっていい。しかし，今日質屋は全国的にその件数を減らし，業務の内容も変化してきている。

　むしろ現在，庶民あるいは広く消費者を対象とした金融機関としては消費者ローンと呼ばれる無担保金融が主流を占めている。その中には質屋が兼業している中小あるいは零細な消費者金融会社も多い。質屋から消費者金融会社に転身し発展したケースとして著名な例はアコムであり，神戸の質屋「丸糸商店」がその母胎である。日本経済新聞社が推計した平成14年度の消費者金融会社の無担保金融残高は13兆4500億円であり，前年度より5％増加している。市場占拠率では1位が武富士（12.5％），以下アコム（11.8％），CFJ（11.2％），プロミス（10.2％），アイフル（7.9％）となっている。これら消費者金融会社の中で上場した企業も現れ，今や全国の人々を対象とする巨大な金融機関となった。平成14年度の全国質屋の貸付残高が277億円であることからすると，無担保金融の規模の大きさが理解できるであろう。

　質屋の盛衰を明治期以降から今日までの推移でみると，幕末維新期をはじめとして何回かの隆盛期を確認できるが，特に第2次大戦後に大きな変化が生じた。戦争直後は食料品不足や納税への手当，それにインフレ対策が加わり上質

な品物が入質された。この時期に多くの零細質屋が開業しており，その開業数はこれまでになく多かった。その後，家庭用電器製品，自動車などの耐久消費財の普及が進み，生活スタイルが一変，それにつれて質屋の状況も激変する。

本章では，第2次大戦後の経済社会における質屋の役割とその変遷を消費生活の変化を軸に考究する。この考究を通じて，質屋が「庶民金融機関」としての役割をどのように変貌させていったかを明らかにしたい。

1　社会政策と庶民金融

無産者，下層階級と呼ばれる人たちは，いつの時代も経済社会制度の適用の枠外に置かれることが多かった。例えば，明治期に普通銀行制度が確立されるが，普通銀行からの借入れはもちろん預金すら無縁な人たちである。このような人々にとって，質屋は生活資金を融通する機関として身近な存在であった[1]。

ただこのように質屋を語る時，念頭に浮かぶのは私営質屋であって，公益質屋であることは希であるといってよい。それは，私営質屋が公益質屋に比較して件数も多く，利用者数，貸付金額などで優位であったからであろう。

本章でも主に私営質屋について考究するが，本来質屋は私営と公益からなり，ともに，庶民金融機関の範疇にある。私営質屋と公益質屋との関係を考慮せずに，質屋の役割を明確にすることはできない。

あらためて「庶民金融」を広辞苑でみると，「庶民に対する金融。信用金庫・公庫のほか，無尽講・質屋などがこれに当たる」とある。かつてそれぞれの地域の人たちの生活や事業活動を支えた金融機関などを意味する。このように庶民金融は，地域金融機関でもあった。信用金庫などは経済の発展とりわけバブル期にその役目を逸脱した活動によって倒産や再編の波にのみこまれたものもある。一方，質屋はそれより以前に，特に庶民の生活変化，消費革命といっていい質的変化によってその件数を減らし，残った質店も大きく事業形態を変貌させることになった。

信用組合，信用金庫あるいは公益質屋は主に社会政策上の観点から設置された経緯を持っている。本章は質屋の全体像を明確にすることが目的であり，そ

のためにも質屋を含む庶民をもっぱら対象とする金融システムを理解する上で公益質屋と信用組合および信用金庫を考究する必要がある。信用組合および公益質屋の研究は，澁谷隆一［2001］に詳しく，この澁谷の研究に基づいて概観する。[2]

　庶民金融機関は明治に入って，産業の振興，資本主義経済の発展とともに生じた多くの社会問題への対処，特に下層階級や農村・漁村の生活困窮者を救済すること，中小商工業者の育成が急務となった状況に対応していわば自生的に各市町村において設置・運営された。これら機関を政府は全国的なレベルで展開するために社会政策の１つとして設置を推進する。この経緯と問題点をみてみよう。

1-1　信用組合，信用金庫

　明治33年に産業（信用）組合法が成立し，多くの経緯を経て昭和26年に信用金庫法が成立する。もともと信用組合はドイツ（プロシャ）で19世紀の半ばに創設され，それが明治10年頃，日本に紹介された。

　明治期，産業の振興が図られる中，松方デフレで生じた政治的・経済的危機に対処するため，利息制限法の改正準備や質屋取締条例の公布，無尽関係取締法令の強化が行われた。これは従来の金融機関が抱えていた問題に対する対策・施策である。しかし，信用組合法さらに信用金庫法は中小産業者の保護策として信用組合や信用金庫を設置しようとする新たに考案された施策であって，今日に至るまで地域経済を支える金融機関として重要な意義を持っている。

　なぜ政府は中小産業者の保護が重要と考えたのであろうか。明治期，産業の振興と資本の蓄積が進む中，地方の自治を確立し，多くの社会問題（農業問題，中産者の疲弊など）の惹起を抑制する必要性が生じた。明治11年に郡区町村編成法，府県会規則，地方税規則などが一応整備された。これは地方自治の確立を期す試みの１つと考えられる。しかし，地方自治の確立に必要な地方経済の発展に欠くことのできない産業者の育成，農業者の保護はその制度を含めて十分ではなかった。特に従来から存在する下級金融機関はその役目を果たすことができなかった。例えば，わが国ではすでに古くから相互扶助の組織として無

尽講・頼母子講があり，中産者層の維持に貢献してきたが，資本主義経済の発展に適合できなかった。旧来の下層金融機関を取り締まる等の施策を講ずるのでなくむしろ，新たに政府の目的，とりわけ社会政策的観点に合致した機能を持った金融機関を設置することを考える必要があった。そこで，信用組合法が検討されたのである。

信用組合が主に社会政策上の課題を解決する過程で誕生したものであり，経済政策上の必要性から論じられたものでないのは，既存の庶民金融機関（質屋など）が高金利をはじめとして様々な問題を有し，その解決が求められていたことが理由であった。庶民の生活を維持する上で必要な機関ではあるが，それゆえに健全な経営および運営が肝要であった。これらの問題は社会問題なのであって，その解決のための政策は社会政策なのである。

産業組合法が制定され，信用組合が誕生するが，会員以外からの預金は認められず，都市部の中小商工業者にとってきわめて制約が大きかった。この制約を緩和するため大正6年に一部改正が加えられ，市街地信用組合が設置された。そして，昭和18年に単独法の市街地信用組合法が制定された。戦後，昭和24年に中小企業等協同組合法が成立したが，それは市街地信用組合への制約を強めるものであった。これに対し，協同組織による中小企業者や勤労者のための金融機関設立の要望が高まり，昭和26年信用金庫法が成立する。これで会員外の預金を扱えることとなる。信用金庫の個人向け貸付金残高の推移は，平成8年3兆3300億円，それから漸減傾向にあり，平成13年2兆6893億円，平成14年2兆5705億円となっている。

1-2 公益質屋

公益質屋制度はヨーロッパに起源を持ち，高利貸しに対抗する手段として発達してきた。この制度が日本に最初に紹介されたのは明治2年でその後，日本における資本主義経済の醸成・発展とともに社会問題が発生・深刻化した明治20年代後半から社会政策的施策の1つとして積極的に紹介された。

ロシア革命や米騒動など社会問題の深刻化に伴い，公益質屋の普及，立法化への動きは活発となる。これは世論の高まりにも影響されている。まず，社会

政策学会は工業金融に便宜を与える施策として市営質屋創設の必要性を説いた。大正6年第11回大会においてである。学会のテーマは小工業問題であり，その問題の討議から工業金融の便を図る組織として公益質屋の必要性を提案した。さらに，この設置を通じて私営質屋の取締法（利息制限および計算方法の規定）の検討も求めている。学会では，質屋を細民の生活資金の提供だけでなく工業の資金融通の機関と考えていたことは注目に値する[3]。

東京商業会議所はその調査を通じて，ドイツ，オーストリアの質屋制度を紹介し，公私質屋制度をわが国でも並立させるべきであると指摘している。これはきわめて重要な指摘であり，後に公益質屋と私営質屋の併存を認める公私混合主義という政府の質屋制度案の核をなすことになる。また世論は公益質屋の創設を支持・勧奨する方向にあった。

この社会的動向は，大都市における公益質屋の創設となって現れる。大正8年東京府社会事業協会が武藏屋質店を開設する。日本の最初の公益質屋は大正元年に設置された宮崎県南那珂郡細田村村営質庫である。これは郡部における公益法人設置の嚆矢であるが，東京府という大都市圏で設置されたことはその後の都市への人口集積を考えるときわめて重要な意味を持っている。

公益質屋法は昭和2年に成立する。法案の策定にあたっては，すでに展開の緒に就いていた公益質屋と従来から存在する私営質屋をどのように調整して社会政策を実行するかが課題であった。質屋は全国質屋連合会を中心に猛烈な反対運動を展開し，これを無視しえない状況にあった。これを解決する案として公私混合主義を採用し，公益質屋の普及を図って私営質屋の活動を牽制することが考えられたのである。

私営質屋は当時すでに全国に幅広く存在し，しかも利用者の範囲はきわめて大きく，庶民金融機関の中で最も重要な機関となっていた。それゆえに多くの弊害が指摘されていた。まず，金利が高いこと，利子収取が合理的でないこと，さらに流質期限が短いこと，質物の評価額が一般に低いこと等である。しかし一方では，この弊害は，営業上の手数が煩雑であって，設備にかなりの経費が必要であること，金利高は一般金利が高いことに起因することも認識されていたのである。それ故，質屋取締法を改正して質屋の金利を引き下げるよりも公

益質屋を増設することで私営質屋の弊害を是正する方策を採ることが得策であるとの判断があった。

このように，公益質屋法の制定は，私営質屋を取り締まるという警察行政上のみならず，細民の生活資金を社会制度として確保する道をつけるという社会政策上そして細民だけでなく中小商工業者の金融難にも対処する機関として公益質屋を位置付けるという金融政策上の観点からも必要とされた。

公益質屋は前述したように，法の制定以前より設置されていたが，それは地域の特別な事情を反映して設置された，いわば自生的な機関であった。例えば，農村部や漁村部（細田村営質庫は漁村である細田村に設置された村営の公益質屋である）に展開された公益質屋は，農業や漁業が自然（天候等に起因する不時の災難など）の状況によって生活に困窮をきたすことがあることからいち早く設置された。それが，大正末期には都市部での設置が多くなる。つまり，産業の発展によって質屋の貸付基盤が都市部へと変化していったことを意味している。

公益質屋の貸付資金の源泉はどこにあったのか。当初，市町村特別会計予算，政府の低利資金，寄付金や法人出資金などであったが，法制定後は政府の補助金（公益質屋法第3条で，補助は設備に要する経費の2分の1以内と規定されている）や低利資金に依存することとなる。また，設置（経営）主体は市町村または公益法人に限られることになる。これによって資本家の寄付による社会事業としての公益質屋の設置・運営は公益社会事業に取って代わられることとなる。

公益質屋は公益質屋法によって設置および運営に多くの規制をかけられ，地域の事情に合わせた経営（運営）は失われ画一的なものとなる。例えば寄付などによる私営の社会事業が閉め出されることによって，地域の実態に合わせた柔軟な運営が損なわれ，初期の役割が果たせない状況となる。これは第2次大戦後も色濃く残り，社会政策上，金融政策上重要な役割を果たせないまま公益質屋の終焉を迎えることとなる。公営質屋法は平成12年に廃止される。

2　第2次大戦後の質屋

　戦後，それ以前にはまったく質屋と関係のない人たちが質屋（私営質屋）を開業し，急速に店舗数が増大した。それが今や，全国の質屋の件数は，平成5年5887件，平成6年5417件さらに5160件，4996件と漸減し，平成13年には4384件，平成14年4259件となっている。一方，古物を売買・交換する業種として古物商がある。古物取引を取り締まる法律に古物営業法（昭和23年に制定）があるが，これは商品を預かるのではなく買取りを行い，それを転売するのが主な事業の内容である。古物商は平成5年46万2000件あまりでその後毎年増加し，平成13年には54万件弱，平成14年56件弱に達している。質屋もある時期から古物商の認可を受け，直接古物売買も行っている。今やすべての質屋が古物商でもあるはずで，その意味からすれば古物商に質屋も含まれる状況になっている。

2-1　なぜ第2次大戦後か

　庶民金融機関として質屋を考える場合，なぜ第2次大戦後が重要なのか。戦後一貫して経済成長が続き，庶民の所得は増加傾向にあった。しかしそれに伴い消費も量的にも質的にも変化することになる。戦前とまったく異なった消費生活が出現することになる。この戦後の急激な変化，庶民の所得増加と消費生活の激変が質屋の急激な膨張と縮小をもたらす一方，無担保金融という新しい市場を拡大させることになる。庶民金融の主役の交代が行われたのが，第2次大戦後なのである。

　第2次大戦後，庶民の生活意識が大きく変化し，生活が激変することを消費革命と呼ぶことも多い。わが国でかつてこれほど大きな質的生活変化を経験したことはないといって過言ではない。これは企業側の積極的な製品開発を軸に説明することも可能であろう。企業が意欲的な設備投資を行い，それが日本の経済復興および成長に貢献したことは事実である。しかし，一方消費者がアメリカの消費者の生活をモデルケースとして生活の改革を積極的に行ってきたことがマクロ経済を拡大したことも重要な事実である。むしろ，供給と需要の両

表 I-4-1　神戸市私営質屋の件数

年	件数
昭和7年	284
昭和9年	282
昭和10年	290
昭和11年	290
昭和24年	506
昭和27年	458
昭和30年	457
昭和32年	439
昭和33年	438
昭和34年	444
昭和35年	440
昭和36年	425
昭和37年	416
昭和38年	404
昭和39年	398
昭和40年	391
昭和41年	380
昭和44年	340
昭和45年	335
昭和46年	320
昭和47年	314
昭和48年	302
昭和49年	290
昭和50年	282
平成13年	91

（資料）『神戸市統計書』より作成。

輪が見事に連動して起こった事象といえる。

消費者行動および消費の動向から戦後をみてみよう。戦後日本の消費史を松原［2000］によって示そう[4]。第1期は昭和20（1945）年～昭和47（1972）年，第2期は昭和47（1972）年～昭和55（1980）年，第3期は昭和55（1980）年～平成4（1992）年，第4期は平成4（1992）年～現在の4期に分けられる。第1期は戦後の荒廃から復興と高度成長を遂げる時期，第2期は国際化の時代，2度のオイルショックを経て安定成長する時期，第3期はバブルと呼ばれた，その発生と崩壊の時期である。第4期はバブル崩壊後の低迷期である。

戦後質屋の最盛期は昭和27，28年頃といわれる。いわば，消費史の第1期に最盛期を迎えることとなった。このことを念頭に置いて消費史と質屋の関係を明らかにしよう。

そのために，私営質屋の戦後を概観しよう。前述したように，アコムは神戸の質屋であった。もともとは呉服屋であり，昭和23年に質屋を開業，のち昭和35年に無担保金融（サラリーローン）に進出する。神戸の質屋の件数をみても，昭和24年に500件を超え，それから漸減している。昭和50年には戦前の件数に戻っている（表 I-4-1）。その過程で，質屋は古物商の免許を受け，古物売買に進出する。質屋の業態の変化は，主に質屋協同組合によって検討され，導入が図られた。

2-2　朝鮮戦争と経済復興

戦争直後，厳しい不況の下で苦しい生活が続いた。物々交換でかろうじて飢えを凌いだ人も多い。当時の入質品は戦前に蓄えられた品それも高級品が多か

った。しかし昭和25年に勃発した朝鮮戦争は日本の経済環境を一変させた。商品の流通が進み，加速化する。そのおかげで短期に促成され開業した質屋も商売ができた。戦争の影響で，戦前・戦後のデータの一部は作成されていないが，戦後神戸の質屋の開業数が急増したことは，**表Ⅰ-4-1**で推測できる。

　物資不足の時代は，質が請け出されなくても入質額に利息を加算した金額よりも高く転売できることが多かった。本来質屋の開業を目指す人たちは，老舗の質屋に丁稚として住み込みで勤め，番頭で一軒を任されるなどの経験を積みそれから独立することが多かった。しかし戦後の「にわか」質屋は例外で，しかもそれなりに営業ができたのは時代背景によると推測できる。零細質屋の営業は好調であった。

3　消費革命
―――消費社会の生成と成熟化―――

　質物（質草）の中身は時代とともにどのように変化していったのであろうか。昭和26年の質草5傑は，洋服，時計，和服，貴金属，カメラで家庭用電器製品は8位である。昭和49年では，時計，家電，貴金属，カメラ，洋服・和服の順である。家電は2位にランクされている。ところが，昭和63年には，時計，貴金属，カメラ，ラジカセ，洋服・和服となり，家電はランク外，8位になっている[5]。質物の変化に注目しながら戦後の質屋の活動をみてみよう。

3-1　耐久消費財の普及
　家庭用電器製品に代表される耐久消費財が本格的に普及するのは，昭和30年代も後半である。昭和34年の現天皇陛下のご成婚を機に白黒テレビが急速に普及し，それに続いていわゆる三種の神器と呼ばれる家庭用電器製品（電気冷蔵庫，電気洗濯機，電気掃除機）が普及することになる。この普及は家庭用電器製品が大量生産体制に支えられて価格が低下，購入が以前より容易になったことが1つの要因である。さらに，それでも高額である庶民が購入できるようにクレジットの制度が考案された。各家電メーカーや販売会社などが家電販売店

をクレジットの店として，月々の支払額を少額で済ませることができるようなシステムを導入したことも要因の1つである。ちなみに，クレジットの普及に貢献した日本信販が設立されたのは，昭和36年のことである。

　また，経済の復興と成長に伴い，都市に多くの人が集まることになり，それが普及に拍車をかけることとなった。就職列車が運行され，多くの若者が都市に集まった。戦後の経済の牽引車となる家電メーカーなどリーディングインダストリの発展を支えた労働者は，これら中学や高校を卒業した若者であった。彼らはその後その地に定着し，家庭を持った。

　この結果，核家族化が進行する。人口の増加率に比べて世帯数の増加率が高い状態が続くのである。昭和30年から昭和40年までの11年間でみると，人口の増加率は10.1％，それに比べて世帯数の増加率は32.7％であり，世帯数が急増している様子がみてとれる。核家族化の進行に伴って，彼らが住居を定めた郊外には公営住宅や団地が整備されていった。現在，2LDKなどといった住居の構成を表す「DK」は，東京大学の吉武研究室で考案され，昭和36年に公営アパートに採用された経緯を持っている。同じ部屋構成を持つ団地で，若い世代の新しい生活様式として家庭用電器製品が順次持ち込まれることになる。耐久消費財をそれぞれの世帯がワンセット購入することから，普及が急速に進んだ。流行という名のバンドワゴン効果が生じたのである[6]。

　バンドワゴン効果はこれにとどまらず，昭和39年に行われた東京オリンピックを切っ掛けに普及したカラーテレビに受け継がれる。カラーテレビ，クーラーそして自動車（カー）は三種の神器に続き消費者が求めた商品で頭文字を捩って「3C」と呼ばれ，昭和45年頃まで消費を引っ張った。クレジットで購入されたこれら商品が質草として入質されるようになったのは，やはり昭和30年代後半からである。電気冷蔵庫，電気洗濯機，電気掃除機，カラーテレビ，クーラー（ルームエアコン）そして自動車，当時のステータスシンボルともいえるこれら商品の普及率（平成14年）はそれぞれ，98.4％，99.3％，98.2％，99.3％，87.2％，84.4％で，ルームエアコン，自動車以外は軒並み100％に近い。これら商品は今や消費者にとって必需品となっている。

　現在，ほとんどの家庭用電器製品は，普及率が100％に近い。このような状

況を，成熟消費社会と形容することがある。今では，商品は買い換え需要かあるいは製品差別化に伴う需要によって動く。これまでの標準品ではなく多機能な商品や所有者のステータスを表象するブランド商品の購入が希望される。時にはこのような消費の現象はスノッブ効果と呼ばれる[7]。ブランド化した衣服，カメラや時計，そして家庭用電器製品に電話加入権が加わり，質草の種類が増えた。

　このような時代の流れは，質屋にどのような影響をもたらしたのであろうか。製品差別化が進む中で商品は陳腐化するのが早い。それによって質屋は時に大きなダメージを受ける。質屋が保管義務を負うのは3カ月，しかし多くは長い付き合いからそれ以上待つのが普通であった。質屋と顧客の関係はこうして続いた。時には，利息が入らなくても処分しないでおいておくこともあった。しかしこれが通用しなくなった。

　時代は大きく変わったが，その大きな原因は，庶民の所得水準の上昇にある。特に，経済成長に伴う将来所得の確保に人々が明確な期待を持つことができた。これによって人々の物に対する欲求は多彩で多様になる。消費の対象が次々と変わる。所有することに対するこだわりが希薄になったことが理由である。

　それに伴って家庭用電器製品を中心に製品の改良に伴う型式の変更が頻繁に行われ，すぐに商品が価値を失うことになった。これは，ものを大事にしなくなった消費者嗜好の形成に大きく影響していると思われる。次々と商品の型式が変更されることになれば，保管している間に新製品は旧式の商品になってしまう危険性がある。商品が製造ラインに乗っている間は，定価の30％が入質価格に相当するとしても，ラインをはずれた新品の商品は10％程度の評価しか受けないのである。この理由から，家庭用電器製品は質草5傑からはずれることになる。しかも家庭用電器製品は容積が大きい「嵩張り物」であり，その理由からも質屋に敬遠されることになる。

　したがって，質屋はまず，質草の商品が製造ラインに乗っているのかを確認し，しかも3カ月間はラインに乗っているのかを判断しなければならなくなった。この情報はとても重要で，零細質屋個人では入手が不可能に近い。これは協同組合のネットワークで知るしかない。必要な情報の多くは各地域の質屋や

協同組合だけでは入手できず，東京と大阪の質屋協同組合からもたらされた。

　消費者はものを大事にしなくなった。商品の価値が3カ月ももたない。我々の生活自体が大きく変化したのである。クレジットの普及で，商品をクレジットで入手しそれを質屋で現金化する人もでてきた。例えば，時計屋で新品をクレジットで購入，それを直ちに質入し，現金を手に入れる。この現金は遊興費あるいは当面の生活費のやりくりなどに利用された。初めから，質入れは請け出すことを考えない行為となっていった。質屋は，入質の時にその処分価値を評価する必要が出てきた。長い付き合いによる信用貸しの部分はリスクとなるわけで，いわば質入れは買取りを意味するようになる。質屋が組合を通じて古物商の免許を取得，古物の買取りと販売に乗り出す切っ掛けがここにある。

3-2　クレジットシステムの普及

　クレジット制度の確立が耐久消費財の普及に貢献したことは，前項で示した。鎌倉昇［1966］の著述は，昭和40年代初頭のクレジットの時代を鮮明に描いている。[8]

　消費者金融が行われる場合，鎌倉は当時4形態があることを指摘した。1つは，銀行などの金融機関が直接融資を行う。2つには，メーカーあるいはディーラーが，自己資金を持って融資する。第3のケースとして，銀行の資金的裏付けによって，メーカー，販売会社，ディーラーなどが融資を行う。第4には，銀行以外の特殊な金融機関，すなわち消費者金融（信用）会社，販売金融会社が行うケースである。

　1番目のケースは，あらかじめ消費者が定期預金などを保有していてそれを裏付けに消費者が資金の借入れを行う。したがって，銀行は貸付資金の使用目的を特に限定しない。2番目および3番目のケースは，特定の商品（家庭用電器製品，ピアノ，自動車など）の購入と結び付いた金融である。この金融を行う主体は自己資金でメーカーやディーラーが行うものと銀行やその他の金融機関の資金的裏付けで行うものの2種類があった。4番目のケースは，メーカー，ディーラーが消費者に信用を供与することによって発生した売掛を，販売金融を専門とする会社に引き受けさせるケースである。

月賦払いなどの割賦販売はすでに戦前からあった。しかしそれは，低所得者を対象とした販売手法であった。それが戦後すべての消費者を対象とするものになったのである。

クレジットシステムの普及はそれほどまでに消費生活の変化に威力を発揮したのであろうか。この問題を考えるために，消費を決定する主たる要因は何かを考えてみよう。まず所得，特に現在所得に依存して決定されると考えることができよう。さらに，個人の生涯を視野に入れると貯蓄との関係から利子率および将来所得も影響を与えると考えることもできる。

経済学では，生涯所得の現在価値によって現在消費が決定されると主張された。その端緒は，A. フィッシャーの研究によって与えられたが，その前提として消費者が貯蓄と借入れを行うことが認められていた。消費者の中には，貯蓄を行って晩年の所得不足に備える人もおれば，現在の消費生活に力点をおいて消費を行う人もあるという現実的な認識に基づいている。

A. フィッシャーの理論を基礎に戦後展開された消費決定の仮説に，「恒常所得仮説」と「ライフサイクル仮説」があることはよく知られている。恒常所得仮説は，消費者の所得に恒常所得と変動所得があり，主に消費は恒常所得に依存し，変動所得はその多くを貯蓄にまわし，いざという時（所得が減少したり支出が一時的に急増するなど）貯蓄を切り崩して生活水準を維持しようとする。また，ライフサイクル仮説は，労働期と退職期に人生が分けられるとすれば，所得が減少する退職期のことを考慮に入れて生涯得られる所得を平準化して使うというものである。

これらの理論は，消費が現在所得の他に利子率や将来所得に依存することを特徴としている。しかし，スティグリッツはこれらの理論が示唆する以上に，実際の消費は現在所得に依存すると主張する[9]。それは，耐久消費財と信用割当てが存在することによる。耐久消費財は家庭用電器製品のように長期にわたって利用できる財である。これらの財をいつ買い換えるかは，いくつかの理由による。例えば，故障し修理に高額な費用がかかる時，まだまだ利用できるがデザインが優れている，消費電力が著しく節約できるといった理由で新製品に切り替える等であろう。しかし，この行為は現在所得が十分な時に行われる

ので，所得の減少が予想されたり，失業の恐れがある時には，耐久消費財の購入を延期もしくは断念するであろう。

恒常所得仮説やライフサイクル仮説では，消費者が消費を安定した水準に維持することが仮定されているが，この仮定が成立するためには所得の一時的下落に対して貯蓄の引出しあるいは借入れができることが前提となっている。しかし，実際には信用割当てと呼ばれる制約がある。信用割当ては市場利子率で資金を借り入れることができないことであって，多くの庶民はこの制約下にある。この場合，現在所得を超える消費は困難であり，たかだかできることは，現在所得をすべて消費にまわすことである。

耐久消費財の購入そしてそれに伴う普及は信用制約がある限り，順調には進まないことは明らかである。昭和28年，テレビの本放送が始まったが，受像機の価格はきわめて高く当時のサラリーマンなどがその時の所得で購入できるものではなかった。これを可能にしたのが，クレジットの店などを中心とする割賦販売であった。まさに，鎌倉がアメリカで体験し日本での普及過程を目の当りにしたシステムである。

日本の経済成長は労働人口の増加や技術の進歩，資本の蓄積など供給側の事情もあるが，クレジットシステムの導入によって耐久消費財が加速度的に普及（三種の神器や3Cなどの流行）したことが需要側の条件として大きな役割を果たしたことは明らかである。

3-3　質屋から古物商へ

質屋が件数を減らし古物商が急速に増加する傾向はなぜ起こったのか。零細質屋が減少し代わって古物商が急増する，戦後の零細質屋の変遷を考える時，このことを抜きにして語ることはできない。

なぜこのような状況が生じたのか。耐久消費財は質物としてはきわめて一般的なものとなっていった。ただ，普及率が高まるにつれ，メーカーは従来品を早く陳腐化させ買い換えを促進する必要が出てくる。これは家庭用電器製品に限ったことでなく，例えばカメラ，時計についてもいえることである。消費社会が進行し，成熟化すると，メーカーによるモデルチェンジ，新製品の発売な

どが盛んになる。前述したように物品担保貸付を行う質屋にとって，3カ月間の保管義務はきわめて不利な状況を生み出すことになる。その時には，商品はすでに陳腐化している可能性が高いのである。預かるよりも買い取りが有利な社会の到来である。

　古物商の免許を得た質屋は質店の一角にショウウィンドーを設け，そこに質流れ品を並べて直接販売を行った。もちろん，質流れ品だけでは，ケースを満たすことはできないから，わざわざ売れそうな商品を仕入れ，置くのが常態であった。また質屋向けの商品を卸す業者がいた。

　これが一般的であったが，資金のある業者の中には無担保金融，いわゆる後のサラリーマンローンに乗り出すものもいた。神戸市灘区にあった質屋「丸糸商店」は後に「アコム」となることは前述した。アコムは，神戸を起点として質店を大阪に出す。それが昭和33年，家庭用電器製品の普及による消費革命が進行した時期である。アコムの前進である丸糸商店の時代，昭和26年に貸金業の届けをしていたが実際に業務を積極的に行い始めたのは，経済が順調に回復し，勤労者（サラリーマン）の所得が増え安定してきた時代である。対物信用から対人信用の時代になってきた[10]。逆に商品は「信用」の対象とはならなくなったのである。それに代わって定期的にあるいは安定的に給与が入る勤労者は，十分に信用取引の対象になる。

　丸糸商店は昭和35年に，神戸元町で勤人信用貸を始める。サラリーマンローンの始まりである。1件あたりの貸付額が質屋の担保金融に比べ無担保金融は4倍以上であるから，リスクも大きいが魅力のあるマーケットに映ったに違いない。ただ，取引が質屋に比べて大口になることから資金力のあるものでなければ，このマーケットへの参入は難しい。特に，戦後新規に開業した零細質屋のほとんどはこのマーケットへの参入は断念せざるをえなかった。

4　質屋の業務，役割とその変化

　質屋は時代の流れに抗することができず，長い歴史を持つ営業形態を変えざるをえない状況となっていった。ここで，質屋の業務を概観し変貌する過程を

あらためてみておこう。

4-1　質屋の業務

　質屋あるいは質屋営業とは何か。まず，昭和25年5月8日に施行された「質屋営業法」に基づいて説明しよう。第1条で，「この法律において『質屋営業』とは，物品（有価証券を含む。第22条を除き，以下同じ。）を質に取り，流質期限までに当該質物で担保される債権の弁済を受けないときは，当該質物をもってその弁済に充てる約款を附して，金銭を貸し付ける営業をいう」とある。そして，その第2項において「この法律において『質屋』とは，質屋営業を営む者で第2条第1項の規定による許可を受けたものをいう」とある。この許可を与えるのは，都道府県の公安委員会である。質屋は，客がみえるところに公安委員会の許可証を提示していた。ただ，金融業を始めるに際して許可が必要になったのは，昭和16年1月以降のことである。これは暴利を封じて庶民金融を明朗化することが目的であった。いわゆる高利貸しの横行を防ぐためであった。公安委員会は，質物の保管設備について一定の基準を定めることができた。また，必要であれば，警察官が倉庫に入り，調査・検閲することができた。

　質屋は客から品物を預かり（入質），客が請け出す（出質）際に利息をもらうことで営業が成り立つ。ある人が最初に入質を行うには，身分を証明する書類（健康保険証，自動車免許証など）を必要とした。質入れ人は顧客カードに住所や名前を記載し，左手薬指で指印する。この指印が一般化されるのは，昭和32年大阪質屋協同組合が指印採取を申し合わせたことに基づく。このカードは警察官が来店し盗品の入質や犯罪者が顧客にいないかを調べる際に必ず臺帳とともに閲覧していた。これが終わると質草の評価と借りたい金額について交渉が行われ，合意すると質札を作成，現金にあわせて客にわたす。請け出す際には，質札を持参することが必要であった。

　店主は預かった商品は，質物臺帳に記載，エフと呼ばれる細長い用紙に質物番号と預け人の名前，預かった年月日を記載して質物に付け倉庫に入れる。質物番号はその年の1月1日以降最初の預かり品が一番となる。質物臺帳は警察に届けて確認印をもらい，それで初めて使用することができた。当時，利息は

暦月計算で9歩（その後引き下げられた）であった。歴月計算が法律で決まったのが，昭和29年6月の国会であった。暦月計算であるから，極端な例でいえば，3月29日に入質し，4月3日に請け出せば，利息は2カ月分となる。だから，入質と出質が継続的に行われれば，問題はない。

　しかし，請け出すことができない人もある。質屋は入質から3カ月は勝手に商品を処分できない。それ以降は，入質の客に連絡することなく処分できた（流質）。処分方法としては質屋が古物商の免許を一般に持っていなかったので，質流品を一括古物として月の特定日に市を立て全国の古物商に売却する仲介業者に任せる方法が取られた。それには，2つの方法があり，仲介業者が質屋に来て質流品を購入する方法と質屋が直接市に委託する方法とがある。委託した場合には，後日仲介業者から個々の商品の売却値段が知らされ，仲介業者の手数料が引かれた金額が届けられた。市では，呉服などは業者が輪になっている場で広げられて値が付けられ高額をつけた業者に落とされた。また，時計や貴金属類はケースに入れられ業者の間を回される。そこで最も高い値を付けた業者に落札された。

4-2　質屋の役割と変遷

　質屋は，動産を担保とした金融機関であり，その手続は前述のように保管も含めてきわめて手順の多い業務である。しかも，商品の多様化が進むと，物品の評価も困難なケースが出てくる。例えば，宝石類は模造品も巧妙な技術によって真贋がみわけにくくなった。

　さらに，庶民金融機関が対象としていた市場で信用組合や信用金庫などが市街地における中小の商工業者を対象とした貸付業務を整備するにつれ，質屋が動産担保を対象として貸付業務を行う領域（顧客層，貸付金額）は狭められることになる。また電話加入権を対象とした金融領域に進出したが，電話回線の増加，あるいは携帯電話の普及はその商品価値を大幅に減少させることになった。信用組合や信用金庫から資金の確保ができなかった中小の商工業者が質屋に来ることもあったが，そもそもそのような業者は信用力に問題があり，継続的な顧客とはなりえなかった。いずれにしても資金力も弱小な質屋にとって自

ずからその対象となるマーケットは縮小していく。

　明治期以降政府が進めた中小商工業者の支援策としての信用組合や信用金庫，公益質屋の設立は結果として，私営質屋の領分を狭めることとなった。加えて消費革命の進行により私営質屋は戦後の急増から，急減へときわめて早い勢いで変化することになる。

　さらにこの勢いに拍車をかけたのが，消費者金融と呼ばれる無担保金融（通称，サラ金）の普及であった。昭和42年，サラ金ブームが起こるが，それとともに消費者金融は動産担保から無担保の金融へと大きくシフトすることとなる。今や，庶民金融の中心は無担保金融であり，その規模は前述の通り13兆円を大きく上回っている。

5　戦後零細質屋の実相
――理解を深めるために――

　戦後質屋を開業した人たちはどのような経歴の人々であろうか。もともと質屋の丁稚からスタートし独立した人たちがいた。それと，物資不足を背景に質屋と関係のない商売をしていた人たちが質屋を開業したケースである。後者はいわば，にわか質屋で，質物の評価をはじめとする業務にそれほど通じてはいなかったが，短期の修行で開業にこぎ着けた者も多い。私の父もその1人である。戦後の零細質屋の姿を具体的に示すことで理解を深めることにしよう。

5-1　戦後の経済発展と質屋
　父は一度も企業に勤務するなどの経験を持たない「一介の商人」として一生を神戸で過ごした。戦前父は家作を何軒か持っていたが，昭和20年3月の空襲で消失した。

　戦後，父は丹波の物産を神戸，大阪で売り財を蓄え神戸市兵庫区に一軒家を購入，商売を始めた。当時，家が不足していて母の弟の一家とともに住んでいた記憶がある。父はそこから少し東よりで大倉山公園の山側の家を購入し質屋を始めた。しかし，質屋を開業した当初は不況が続き「商品の流通が止まっ

ように感じた」と父は当時を回顧していた。それが昭和25年に朝鮮戦争が始まり、状況は一変する。商品が一度に動き出したわけである。父の商品知識はおそらく貧弱なものであったと思われるが、それでも商品（流質品）は飛ぶように売れた。

父は兵役で中国に行ったが、そこで神戸の大手の質屋である改森質店の店主改森一市氏と同じ部隊に配属となる。それ以来、苦楽をともにすることから友情が生まれ、終生変わることはなかった。改森氏も地方からでてきて質屋として成功した人物である。質屋の営業ノウハウは改森質店で短期間に修得したという。父が他界し、私がそのことを改森氏に伝えたが、それを聞いた改森氏の落胆は大きく、後を追うように他界されたと聞く。

当初は同じ町内で今より少し南側の家を買い取り、営業していた。開業から30数年、質屋営業を行ったが、その期間は日本の経済復興と経済成長そして成熟化の時期に合致している。父の生きた時代は質屋が全盛をきわめた時代であった。時代を追いながら零細質屋の歴史を辿ってみたい。

開業した折には、倉庫は特になく店舗の2階を保管場所としていた。当時多くの質屋がそのような状況であった。しかし、ジェーン台風の被害を受け、危うく質物に被害をこうむりかけたこと、防犯・防災を目的とした堅牢な設備の設置に関する指導が厳しくなったことから、新しく質店を建築することになる。質屋営業法が昭和25年に施行され、それに対応した設備も必要となってきたのである。店舗付き住宅と倉庫を建設することで、質屋営業は本格化する。昭和27年のことである。

店舗付き住宅は、道路に西北が面しており、入り口は3カ所、それぞれにできるだけ人の出入りがみえないように人の背丈を上回る木が配置されていた。ヒマラヤ杉、銀木犀、柘植などがあったことを記憶している。

この場所を少し俯瞰してみると、JRの神戸駅から北へ15分あまり、大倉山公園の北に位置している。大倉山公園は、大倉喜八郎氏がかつての所有者であり、のち神戸市に寄贈された。秋には、菊花展などが催されたと聞く。戦前には、大倉喜八郎氏と親交があり、兵庫県の初代知事でもあった伊藤博文の像があったと聞いたが、今は台座だけが残っている。戦時中、高射砲陣地として有

名であり戦後、兵舎が共同住宅として利用されていた。その周りには、市営住宅が立ち並び、また陣地跡には簡易な屋根を配して人が住んでいた。大倉山に住む人たちは、わが家の常連客でもあった。昭和40年代初頭、子供の火遊びから出火、それが大火となったことから、焼け跡に昭和47年から48年にかけて公園整備が行われた。いま、ふるさと公園として各都道府県の森ができている。

国際港湾都市としての整備が進み、大倉山もふるさと公園となったことにより環境としては随分整備されたが、市営住宅の撤去と住民の転居は、近隣の商店にとっては大きな打撃であった。もともとこの場所は質店の経営を行うには立地上よい場所とはいえない。庶民金融という名の通り、当時は低所得者が顧客であったから地域にどれだけの家族が住んでいるかが問題となる。その点、私の家は周辺に大倉山公園、大学病院の他に家庭裁判所、地方裁判所、少年鑑別所などがあり、それだけ人の集積が少なく商売にとって決して恵まれた環境ではない。ただ、環境が変わらなかったわけでなく、経済復興と経済成長によって変わっていった。質屋の環境がどのように変化していったかをみてみよう。

朝鮮戦争の勃発は質屋にも好影響を与えた。入出質が増えそれに伴い収入も急速に増加した。ただ、よいことばかりではなかった。神戸には国鉄（現JR西日本）の神戸駅前に大きな進駐軍のキャンプがあり、そこからも多くの兵士が出征していった。また当時、神戸港に軍艦も入港できた。父に連れられて駆逐艦を見学にいった記憶がある。駆逐艦の横腹には砲弾を受けてできた穴が数箇所あいていた。これら軍艦に載る兵士やキャンプの兵隊は随分荒れていて、暴行事件などが多発した。父も通りがかりの兵隊に下腹部を殴られ膀胱から出血して長く床に伏していたことがあった。また、兵隊が質入に来て、言葉の問題もあって暴れるといったこともあった。

このように、朝鮮戦争は街に騒擾を生み出しつつ経済復興の切っ掛けを作ることになる。それとともに神戸市の人口は増加する。**表Ⅰ-4-2**に神戸市の人口の推移を示した。戦前100万人を超えていた人口は昭和20年には大きく減少している。しかし、戦後復興とともに人口も増加、朝鮮戦争が始まった昭和25年に80万人台を数え、昭和31年には戦前の100万人の水準を回復している。町村合併の効果もあるが、神戸の経済の活況に伴い他から人の流入が増えたこと

も大きな理由であろう。

　昭和28年にはテレビの放映が始まる。これを切っ掛けとして白黒のテレビ受像機の製造が本格化することになる。また，三洋電機が噴流式の電気洗濯機の販売を始めた年でもあり，翌年には三菱電機がルームエアコンを製造・販売する。いわば，家庭用電器製品の製造が始まったのが，この時期でもある。しかし，これら家庭用電器製品は高額であって，とても庶民で購入できるものではなかった。これらの製品が質物として現れるには今少し時間を必要とした。

　消費革命が起こるまでは呉服・洋服といった衣服が質草の中心であった。それと神戸の特色として船員が持ち込むカメラや時計類があった。それも舶来品（当時，外国製品をこのように呼んだ）のライカなどである。彼らは船に乗っている間それらを質入し，帰港と同時に請け出した。

　彼らに，当時としては入手できないようなチョコレート菓子をもらった記憶がある。神戸には，福原という遊郭があり，そこで遊び帰りに請け出す船員の姿を思い出す。それと並ぶ顧客として，沖仲士をはじめとする港湾荷役労働者がいた。今は，神戸港のハーバーランドになっているが，そこにはしけ（艀）溜りがあった。はしけはエンジンを持たず沖に停泊している船舶まで船に引かれていった。船荷を積み，港まで戻るのが仕事の内容である。船荷を積みおろしするのが，沖仲士であった。表Ⅰ-4-3に，神戸港のはしけ数と港湾荷役労働者数の推移を示した。それらの増加から経済の復興に伴って神戸港の荷役も増加していることが読み取れよう。

　港湾荷役労働者には，常雇と臨時雇（日雇を含む）があるが，いずれも地方

表Ⅰ-4-2　神戸市の人口

年	人口
昭和16年	1,003,200
昭和19年	918,032
昭和20年	378,592
昭和21年	443,344
昭和22年	607,079
昭和23年	644,217
昭和24年	691,827
昭和25年	804,501
昭和26年	861,718
昭和27年	898,561
昭和28年	928,779
昭和29年	952,520
昭和30年	981,318
昭和31年	1,003,807
昭和32年	1,033,605
昭和33年	1,062,495
昭和34年	1,085,787
昭和35年	1,113,977
昭和36年	1,140,654
昭和37年	1,163,026
昭和38年	1,179,489
昭和39年	1,197,353
昭和40年	1,216,666
昭和41年	1,228,212
昭和42年	1,241,484
昭和43年	1,254,854
昭和44年	1,269,465
昭和45年	1,288,697

（資料）『神戸市統計書』より作成。

表 I-4-3　神戸港はしけ保有数および港湾荷役労働者数

年	はしけ	港湾荷役労働者数	常雇	臨時雇
昭和23年	556	85,536	59,412	26,124
昭和24年	559	114,984	79,176	35,808
昭和25年	563	100,271	75,034	25,237
昭和26年	813	135,258	87,494	47,764
昭和27年	791	3,767,187	2,471,053	1,296,134
昭和28年	813	3,910,098	2,442,484	1,467,614
昭和29年	834	3,659,195	2,443,895	1,215,300
昭和30年	832	3,817,085	2,482,068	1,335,017
昭和31年	811	4,127,917	2,625,897	1,502,020
昭和32年	803	4,688,662	2,943,205	1,745,457
昭和33年	899	4,401,468	3,083,075	1,318,393
昭和34年	925	4,692,457	3,040,584	1,651,873
昭和35年	1,014	5,157,901	3,091,237	2,066,664
昭和36年	1,197	5,916,443	3,332,247	2,584,196
昭和37年	1,232	5,721,410	3,318,369	2,403,041
昭和38年	1,368	5,644,640	3,443,446	2,201,194
昭和39年	1,535	5,652,320	3,655,501	1,996,819
昭和40年	1,642	5,669,364	3,772,432	1,896,932
昭和41年	1,761	5,195,914	4,078,133	1,117,781
昭和42年	1,845	5,068,518	4,545,385	523,133
昭和43年	1,871	4,356,538	3,890,776	465,762
昭和44年	2,010	4,404,137	4,069,088	335,049
昭和45年	2,108	4,517,277	4,231,017	286,260

（資料）『神戸市統計書』より作成。ただし，昭和24年はしけ数は昭和23年と昭和25年の数値の平均値。荷役労働者は，船内労働者，沿岸労働者，引船船夫，はしけ船夫，筏仲仕，その他から構成される。昭和27年より，延数で表示。

　の出身者が多くを占めていた。彼らは力仕事のためか，あるいは遠く故郷を離れた寂しさからかよく酒を飲んだ。その酒手を質入で作ることが多かった。その中で，特に記憶に残っている人物がいる。九州から来た兄弟がいた。不思議に名前も記憶している。ともに我が家の顧客で，仕事の無い時は朝から飲んでいた。そのうち，仕事にも行かず飲むようになった。ある朝，時計を投げるように置き，金を貸すようにせがんだ。父は激怒，自分の持ち物を大事にできないようでは自分も大事にできないと説教した。後日，彼は安酒を持って現れ，

父に謝罪しこれを機に故郷に帰ることにしたと話していた。その後，兄弟ともに故郷に帰ったことを仲間の沖仲士から聞いた。まるで浪花節の世界のようだが，実際にこのようなことが起こっても不思議でない時代であった。

　船員や沖仲士などの港湾荷役労働者が顧客であった。その後，消費ブームが到来し，また空襲で空き地となっていたところにアパートが建ち，そこに住む人たち（多くは勤め人）が家庭用電器製品を質草とするようになる。主役の交代である。また，電話が普及する過程で，電話加入権の質権設定が認められることとなった。当時，電話ケーブルの回線数には著しい制約があり，電話加入を希望する者がすべて購入することができなかった貴重な商品であった。これに質権設定が認められることになれば，所有者は金銭に困った時にも電話を売ることなく資金を調達することが可能となる。しかし，個々の質屋が単独で電話加入権を質請けできず，質屋協同組合を本店，各質店を支店として組織的運営に取り組んだ。電話が貴重で購入・設置に時間がかかった時代ならではの商売であった。街にも電話加入権を売買する店が多くあった時代である。この電話加入権の質権設定は，父にとっても多くの恩恵をもたらした。よい値で取引できたのである。

　この頃までが質屋の全盛期であろうか。質屋という業種が全盛期であったことを示すことで鮮明に記憶していることがある。1つは他店との激しい競争，2つには公益質屋との競争である。前者は相当厳しいものであった。質屋は宣伝広報として，看板の設置がある。店に看板を出すのは当然として，電柱に広告を出すというのが一般的であった。これが他店とのトラブルの種となった。どの地域まで出すかは決まっていないが，微妙なところで決まっていた。これを越境するとなると，場合によっては協同組合の幹部が調整に乗り出すことになった。また，新聞の折り込み広告も時にはトラブルの種になった。

　とりわけ公益質屋との競争は，世相を反映している。戦後，日々の暮らしに追われ，衣服を中心に質入を繰り返す世帯質が支配的であった時代，質は生活費の調整機能を果たしていた。私営質屋の利息は暦月計算で月9歩と高かった。公益質屋はそれよりも安い利息で生活費の支援機能を果たす目的で開設された。神戸市の場合，公益質屋を設置したのは，神戸市であった。組合の副組合長で

あった父は公益質屋との競争問題でよく幹部と話をしていた。時に父は，公益質屋の設置場所と件数についての要望を関係官庁に申し入れ，時に政治家に助力を頼んでいた。灘にあった公益質屋の看板を子供心に記憶している。ただ，この問題は結局杞憂に終わることとなる。公益質屋の利息は確かに私営質屋より安いが，3カ月で流されるわけで，私営質屋のように待ってはくれない。おそらくこれが最も大きな理由で，公益質屋は大きな役割を担えないまま次第に店舗が減少した。神戸市の公益質屋は戦後4件のちに5件となるが，今は一店舗もない。

　もう1つ質屋の全盛期を物語る話がある。質屋は納税期が近づくと，事前に税務署と調整に入る。それは組合単位で行われていたようで，質屋の平均納税額を前年比何％アップで組合が了解するかであった。これは大変な作業で，たとえ税務署の申し入れを受け入れたとしても，どの質屋も前年度より多い収益をあげたわけではなく，当然不満が出る。それを組合幹部が調整するが，幹部の中には自分が引き受けないで他店にまわす者がいたとかいないとかでまたまたもめるといった按配であった。税務署がこのような措置を取ったのにはそれなりの理由があった。隆盛をきわめた質屋（だけではなかったが）の中に，倉庫の内部を二重にして奥に質物の一部を隠す者がいた。脱税である。摘発も行われた。だが，税務署の業務の効率化からいえば質屋全体にその責を負わせる方がよかったのかもしれない。店舗数が減り，1店舗あたりの取引高も減少に転ずると，そうした税務署との調整の意味も薄れた。質屋は全盛期を過ぎたのである。

5-2　零細質屋の終焉

　質屋は戦後，物がなく不足している社会に必要な物資の流通を促進する機能も果たすということで，多くの参入者があり，隆盛をきわめた。そこには，物を大事にするという社会の倫理観ともいうべきものに支えられていた。しかるに，消費革命が家電商品を中心とした物の氾濫，製品の陳腐化，新陳代謝を促進し，それが社会の気風を大きく変えることとなった。共通した生活観の喪失ともいえる状況が生み出されたのである。商品は預けてまた請け出し使うの

でなく，新たな商品（以前のものより使いやすくより便利な物）を入手したい欲望が支配的となる。このような時代には，買い取りができる古物商の機能が重要になり，質屋もその免許の取得に動いたのである。さらに，必要であるが希少な物として，電話を考えその加入権の質権設定に取引領域を広げていった。

　父もその1人であり，これら零細質屋はその後，後継者難という問題にも直面することになり，急激に件数を減らす。父はサラリーマン金融の出現に対して「物を抵当に出す方がいい。自分の信用を抵当に出すべきではない」といっていた。しかし，零細質屋の奮闘もそれまでで，多くの質屋が警察にその免許を返却し閉店することになる。

おわりに

　第2次大戦後の質屋の盛衰を軸に，庶民金融機関としての質屋の役割とその変貌を考察した。そこで明らかになったことは，戦後の質屋の盛衰に明治期以降政府が主導してきた庶民金融機関の整備が少なからず影響を与えたことである。

　質屋の歴史をみると，建歴2（1212）年にさかのぼる[11]。そこでも利息制限が行われた事実である。以来今日まで，私営質屋については，利息に関する問題がついてまわることになる。この問題を解決し，地域産業の振興を目的として庶民金融機関の整備が行われたのが，明治期である。これは今日まで続く政策であって，整備の進行に伴って私営質屋の営業範囲は狭められた。私営質屋は第2次大戦後，消費革命の進行と新たな庶民金融（無担保金融，クレジットシステム）の出現によって件数，貸付規模を大きく減少させた。それだけではなく，営業内容も変えざるをえない状況になっている。今後，動産担保貸付そのものが存在しうるかどうかの岐路に立っているといえよう。

▶注
1）　小浜ふみ子［2000］，34-35ページを参照。
2）　澁谷隆一［2001］，Ⅱ旧式庶民金融機関の展開と政策対応　第一章，第二章を参

照。
3） 細民については，吉田久一 [2004]，201-202ページを参照。
4） 松原隆一郎 [2000]，第二章を参照。
5） 家庭総合研究会編 [1990] を参照。
6） 片山隆男 [1996]，153-155ページを参照。
7） 片山隆男 [1996]，155-157ページを参照。
8） 鎌倉昇 [昭和41] 第二章を参照。
9） スティグリッツ [2001]，243-254ページを参照。
10） 水島章雄 [1997] を参照。
11） 澁谷隆一・鈴木亀二編 [1978] を参照。

▶ 参考文献

片山隆男「庶民金融――戦後零細質屋史覚え書き――」『大阪商業大学商業史博物館紀要』第5号，2004年7月，31-44ページ。
――『消費の経済分析――消費社会のミクロ経済学的解明――』勁草書房，1996年。
家庭総合研究会編『昭和家庭史年表　1926…1989』河出書房新社，1990年。
鎌倉昇『消費者ローン　流通革命を支えるもの』中公新書103，昭和41年。
神戸市『第22回神戸市統計書　昭和10度版』神戸市役所，昭和10年。
――『第23回神戸市統計書　昭和12度版』神戸市役所，昭和12年。
――『第28回神戸市統計書　昭和22度版』神戸市総務局統計課，昭和22年。
――『第29回神戸市統計書　昭和23・24度版』神戸市総務局統計課，発行年不明。
――『第30回神戸市統計書　昭和25・26度版』神戸市総務局統計課，昭和28年。
――『第31回神戸市統計書　昭和27度版』神戸市総務局統計課，昭和30年。
――『第32回神戸市統計書　昭和28度版』神戸市総務局統計課，昭和31年。
――『第33回神戸市統計書　昭和31度版』神戸市総務局統計課，昭和31年。
――『第36回神戸市統計書　昭和33度版』神戸市総務局統計課，昭和35年。
――『第39回神戸市統計書　昭和36度版』神戸市総務局統計課，昭和38年。
――『第42回神戸市統計書　昭和39度版』神戸市総務局統計課，昭和41年。
――『第45回神戸市統計書　昭和42度版』神戸市企画局統計課，昭和44年。
――『第50回神戸市統計書　昭和48度版』神戸市企画局統計課，昭和49年。
――『第53回神戸市統計書　昭和51度版』神戸市企画局統計課，昭和52年。
小浜ふみ子『質屋の社会史』愛知大学経営総合科学研究所，2000年。
齋籐博『質屋史の研究』新評論，1989年。
澁谷隆一『庶民金融の展開と政策対応』日本図書センター，2001年。

澁谷隆一・鈴木亀二編『質屋年表』全国質屋組合連合会・近代質屋業史編纂委員会『近質史』No. 3, 1978年。
ジョセフ・E. スティグリッツ『マクロ経済学〔第2版〕』東洋経済新報社, 2001年。
世相風俗観察会編『現代風俗史年表〔増補〕』河出書房新社, 1999年。
妹尾河童『少年H』上・下巻, 講談社文庫, 1999年。
全国質屋組合連合会『日本の質屋』全国質屋組合連合会, 昭和57年。
日経産業新聞編『2005年版市場占有率』日本経済新聞社, 2004年。
日本クレジット産業協会『日本の消費者信用統計 平成14年版』日本クレジット産業協会, 平成14年。
──『日本の消費者信用統計 平成15年版』日本クレジット産業協会, 平成15年。
松原隆一郎『消費資本主義のゆくえ──コンビニから見た日本経済』ちくま新書263, 2000年。
水島章雄『アコムの挑戦』〈シリーズ決断〉④, 月刊消費者信用, 1997年4月。
吉田久一『新・日本社会事業の歴史』勁草書房, 2004年。

▶ホームページ

会社案内：アコムの歴史 会社沿革 http://www.acom.co.jp/company/enkaku.html
協同組合による金融事業に関する法律 http://www.houko.com/00/01/S24/183.HTM
公益質屋 http://www.normanet.ne.jp/~hourei/h035dR/s020331h035.htm
質屋営業法 http://keisatu.hourei.info/keisatsu92.html
社団法人全国信用金庫協会 http://www.shinkin.org/what/history/main.html
中小企業等協同組合法 http://normanet.ne.jp/~hourei/h181R/s240601h181.htm

第Ⅱ部
消費者金融会社の今日

第1章　消費者金融専業者の発展とその背景
―――成長の秘密を探る―――

はじめに

　消費者金融専業者の発展は，提供するサービスが元来ある庶民金融の潜在的な需要を掘り起こしたことから始まる。それが貸付残高の順調な拡大に結び付いた。また，市場環境が低金利の調達を可能にしたため，高い利鞘を確保でき，これまで高い収益性を享受できたのである。他業態に比べて相対的に高い貸出金利であっても消費者ローンの需要を掘り起こす機能を常に向上させてきた。

　1970年代後半から80年代前半にかけての急激な残高成長が社会問題を引き起こし，貸し倒れも増加した。このことが原因で，金融機関の融資引き締めが強化され，業界での淘汰が進み専業者は厳しい環境下に置かれた。しかし，その後専業者は機械化やリストラを進め，バブル末期から今日まで飛躍的に拡大するための経営体質の改革を行った。高い精度の信用情報のデータベースを独占的に確保し，与信のスコアリングのノウハウなど，他の業態がまねできない強みを有するようになったのである。

　本章では，以下のような観点から消費者金融専業者の成長の秘密を探っていくことにする。

　①　この業界は金利競争が働かない市場であり，高収益を生む利鞘構造になっている。

　②　元来あった庶民金融の潜在需要を確認し，専業者が本源的機能を向上させることによって顕在化させたことについて検討する。

　③　成熟化した市場で生き残るため補完的機能を充実させたことについてふ

120　第Ⅱ部　消費者金融会社の今日

表Ⅱ-1-1　各社連結決算推移

アコム	2001年3月期	2002年3月期	2003年3月期
売上高	375,674百万円	414,918百万円	437,572百万円
営業利益	160,310百万円	171,248百万円	146,695百万円
経常利益	160,811百万円	171,836百万円	144,244百万円
当期利益	81,369百万円	95,637百万円	75,096百万円

三洋信販	2001年3月期	2002年3月期	2003年3月期
売上高	77,025百万円	120,938百万円	134,763百万円
営業利益	30,066百万円	26,454百万円	25,625百万円
経常利益	30,664百万円	27,299百万円	22,325百万円
当期利益	17,382百万円	12,296百万円	-22,145百万円

プロミス	2001年3月期	2002年3月期	2003年3月期
売上高	359,641百万円	394,495百万円	410,619百万円
営業利益	127,418百万円	114,517百万円	106,957百万円
経常利益	128,135百万円	112,091百万円	108,030百万円
当期利益	64,845百万円	62,941百万円	60,716百万円

アイフル	2001年3月期	2002年3月期	2003年3月期
売上高	280,656百万円	397,162百万円	449,458百万円
営業利益	104,333百万円	111,329百万円	115,995百万円
経常利益	103,533百万円	105,067百万円	111,797百万円
当期利益	48,252百万円	35,063百万円	59,910百万円

武富士	2001年3月期	2002年3月期	2003年3月期
売上高	402,104百万円	425,418百万円	421,974百万円
営業利益	220,187百万円	213,212百万円	161,074百万円
経常利益	241,498百万円	231,602百万円	183,255百万円
当期利益	127,266百万円	64,486百万円	95,146百万円

クレディア	2001年3月期	2002年3月期	2003年3月期
売上高	22,577百万円	25,454百万円	26,563百万円
営業利益	4,576百万円	3,813百万円	1,827百万円
経常利益	4,220百万円	3,803百万円	1,912百万円
当期利益	2,081百万円	1,701百万円	1,031百万円

シンキ	2001年3月期	2002年3月期	2003年3月期
売上高	52,011百万円	51,191百万円	51,466百万円
営業利益	9,359百万円	6,535百万円	5,508百万円
経常利益	8,476百万円	5,547百万円	4,746百万円
当期利益	2,877百万円	2,016百万円	1,659百万円

（資料）各社決算短信より作成。

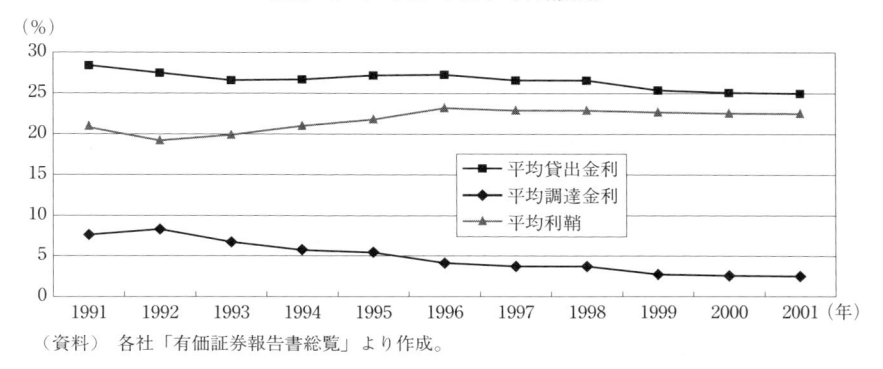

第1章 消費者金融専業者の発展とその背景　121

図Ⅱ-1-1　大手5社平均利鞘推移

(%)

凡例：平均貸出金利／平均調達金利／平均利鞘

1991　1992　1993　1994　1995　1996　1997　1998　1999　2000　2001（年）

（資料）各社「有価証券報告書総覧」より作成。

れる。

④ 最後に，他業態との競争に勝ち残るため銀行との提携することで，本源的機能をさらに拡大させた点を取り上げる。

このように，消費者金融専業者の潮流は一貫して庶民金融のニーズに応えてきたことが根底にあり，今日までの発展を維持してきたといえる。

1　消費者金融専業者の利鞘構造

1-1　好業績の背景と利鞘構造

表Ⅱ-1-1のように，近年における大手の消費者金融専業者の業績は依然好調である。不況下にあっても高収益性は変わらず，図Ⅱ-1-1に示すように当業界が高収益を享受しているのは高い利鞘構造によるものである。それは，理論的には本来競争が働くべき金融市場でありながら，金利競争が働かない構造となっているからに他ならない。バブル崩壊後，日本経済が不況期に入っても，低金利下の追い風とともに専業者大手は資金調達能力を高め，平均調達金利は順調に低下した。一方，平均貸出金利は段階的に低下してきたとはいえ，貸出上限金利に常に張り付き，依然高止まっていて，長年平均利鞘は20％以上を確保してきている。専業各社は，株式公開によって社会認知され，また，ノンバンク社債法（1999年5月）によって低コストでの調達ができるようになり，低

122　第Ⅱ部　消費者金融会社の今日

図Ⅱ-1-2　出資法と利息制限法の上限（制限）金利

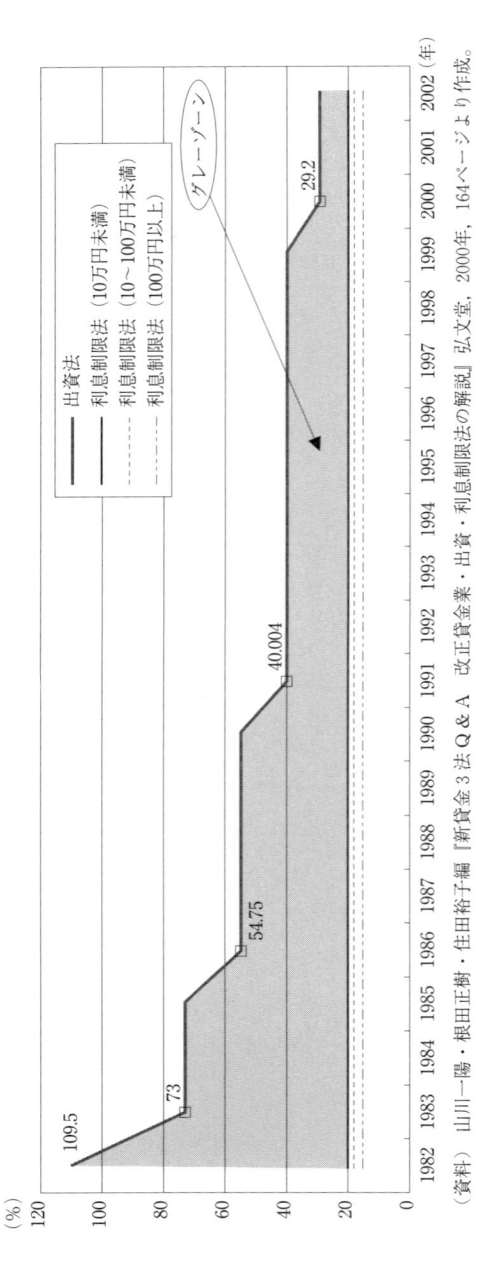

（資料）山川一陽・根田正樹・住田裕子編『新貸金3法Q&A 改正貸金業・出資・利息制限法の解説』弘文堂、2000年、164ページより作成。

金利の恩恵を受けてきた。その結果財務基盤が安定し、近年の業績好調に結び付いていったのである。こうした業界独特の利鞘構造が成長の第1の理由として上げられる。

1-2　上限金利規制

現在、消費者金融の金利は利息制限法の制限金利以上で出資法の上限金利以下の範囲内、いわいるグレーゾーンで決定されている（図Ⅱ-1-2参照）。出資法は、「出資の受入、預り金及び金利等の取締りに関する法律」で金融業者の金利が29.2％を超えると3年以下の懲役もしくは300万円以下の罰金（併科あり）が課せられ、規制懲罰的金利という側面が強い。一方利息制限法には罰則がないため（民事的には無効）専業者は同法の制限金利以上で営業しているのが現状である。消費者金融を取り巻く様々な社会問題の発生から

上限金利（出資法）は段階的に引き下げられてきたが，実際消費者金融市場ではこの上限金利に中心金利が集中し高止まっており，金利競争は行われていない。また，このグレーゾーンでは金利に関する様々な議論が行われている[1]。

消費者金融の利用者の関心事は金利より与信の判断や金額，他のサービスが優先していると考えられる。消費者金融市場は金利に対しては硬直な市場である。これまでの消費者金融専業者は，金利競争を捨て，より迅速性や簡易性といったサービスの競争を重視した戦略をとることで，成長してきた。他の金融機関が参入しないニッチ市場に目をつけ利用者の需要を的確に捉えたことが今日の飛躍的な成長に結び付いた。この点は，会社別のキャッシング上限金利比較をみると（表Ⅱ-1-2），金利面ではそれほど差はないことから，このニッチ市場においては，信販やクレジット，銀行系等のグループより，顧客に対するサービス機能向上で競争した専業者が優位に立った。専業者がターゲットとする本来庶民金融を必要とする顧客はハイリスク層であって，従来信販やクレジット，銀行系等が対象としていたミドル顧客層とは違うともいえる。

1-3　大手業者と中小業者

中小業者を含めた全体では，貸出金利は約85％が25〜29.2％，調達金利は大手が2％台と低いが，小規模業者ほど調達金利は高くなっており，その分利鞘も薄くなっている。経営困難から中小業者は廃業もしくは合併等を余儀なくされる場合もあり，徐々に大手企業の寡占化が進んでいるといえる。金利引下げによる影響は，収益への影響もあるが，新規顧客の減少や不良債権の増加，自己破産等の増加など広範囲に及ぶ。先ほど述べたように上限金利規制は大手，中小一律であり，大手の寡占化を促進することになる。そうすることで，自由な競争を阻害し健全な市場を抑制しニーズに応じられない顧客も出てくる。こうした借入先を失った顧客は違法な業者による市場から借入を余儀なくされ，社会問題が顕在化する。今後こうした問題を含めて上限金利の問題を検討しなければ，消費者金融サービスが社会的・経済的な役割を果たしていると認知されるにはまだまだ時間がかかることになるだろう。

表Ⅱ-1-2　キャッシング金利比較

銀行系・銀行キャッシング系	
モビット	15.0%～18.0%
東京三菱キャッシュワン	15.0%～18.0%
アットローン	15.0%～18.0%
ディック・テンフリーキャッシング	12.88%～28.88%
シティバンク・クラッシックカード	29.2%
スルガ銀行ダイレクトエース	9.0%～18.0%
関西アーバン銀行	17.5%
クレジットカード・信販系	
イオンカード	19.8%～25.6%
シティバンクカード	27.8%
三井住友VISAカード	27.8%
JCB一般カード	27.8%
オリックスクレジット	8.7%～17.6%
楽天クレジット	8.7%～17.8%
NICOSカード	26.28%
〈セゾン〉アメリカン・エキスプレス・カード	24.0%
消費者金融系	
ジャパンネット銀行	15.0%～18.0%
ほのぼのレイク瞬即50	18.0%～29.2%
一週間無利息のノーローン	22.5%～28.835%
ポケットバンクキャッシングローン	18.0%～29.0%
プロミスフリーキャッシング	13.5%～25.55%
アイフルeキャッシング	18.0%～28.835%
クレディア	21.0%～28.5%
武富士	15.0%～27.375%
スタッフィー	23.36%～27.74%
ニッシンウェブキャッシング50	27.01%
アコムの快速キャッシング	15.0%～27.375%
武富士 TAKE BIG SEVEN MasterCard	15.0%～27.375%
アコム MasterCard	15.0%～27.375%
アイフルマスターカード	18.0%～28.835%
アイク・テンフリーキャッシング	12.88%～28.88%

（資料）　各社ホームページより作成。

2　消費者金融専業者の発展

2-1　成長の軌跡

　消費者金融専業者の成長の伸びは，2つのピークに分けることができる。

　1番目は，1970年代後半から80年代前半にかけてで，専業者による消費者ローンの残高は第1のピークを迎える。しかし，この時期の残高の増加が社会問題化し，マスコミ批判が高まることになった。当時，平均貸出金利は大手でも40％を超えており，現在の27％前後という数字に比べてもはるかに高利である。また，やみくもな残高の急拡大が，貸し倒れや債権の焦げ付きの増加を招いた。当時消費者金融は，「過剰融資・高金利・過酷な取り立て」といった悪いイメージが浸透し，借金苦による夜逃げや一家心中なども引き起こされた。こうした社会問題を背景に貸金業規制法（1983年）が施行されたのである。[2]

　2番目は，80年代後半から専業者の消費者ローン残高が急増した88年から98年の10年間で，同残高は3.3倍となる。バブル経済の絶頂期からバブル崩壊後の不況期を経ても発展を続けた。社会問題化した消費者金融業界のイメージを刷新する戦略を次々と行って機能強化したからである。アコムとプロミスの東証1部上場（1994年）[3]や無人機の導入である[4]。また，広告でのイメージアップ戦略やITを駆使したスコアリング手法による審査が急成長のインパクトとなった。この第2番目の急成長期においては消費者金融専業者の本源的な機能が十分発揮された時代であろうと考えられる。1「消費者金融専業者の利鞘構造」でみたように利鞘がかなり高いため残高の成長が収益に直結する構造になっている。そのため専業各社はストックビジネス，すなわち残高成長を重視してきた。貸付金残高が積み上がらなければ高い新規獲得費用が利益を圧縮するからで，新規獲得費用を吸収できる規模（営業貸付金残高1000億位以上といわれる）を持つ必要がある。残高を伸ばすことで貸し倒れ等コストの吸収もでき，これが大手にとっては強みとなった。

2-2　成長の要因

　消費者金融専業者は，無担保・無保証の小口融資を中心として，庶民金融のニーズに応えてきた結果，社会に定着し今日のように目覚ましい発展を遂げてきた。その間，80年代には消費者金融業界に対するマスコミ批判などが表面化し厳しい局面もあったが，その後の経営努力で，1990年代には再び成長段階を迎えたのである。

　ここでは，貸付金の残高成長の要因を大きく3つに分けてみていくことにする。

　1つ目は，新規口座獲得と残高成長の関係である。過去のプロミスのデータ（図Ⅱ-1-3）をみると，過去高い成長を遂げた時期には，新規口座の伸び率が高くなっている。新規顧客の獲得が進んでいるといえる。「サラ金問題」が表面化する以前の80年代初めが最も獲得が進んでいた。最近では自動契約機の導入を進めた96年頃で新規口座の伸び率の上昇により残高成長が伸びている。一方，新規顧客獲得の伸びが鈍化する時期は，残高の成長率も低下するという関係がうかがえる。口座数の伸びが鈍化するからである。

　2つ目は，1口座あたりの貸付単価の上昇である。追加貸付（増額）しても，多少金利を下げることによって，月々の返済額をできるだけ以前と同じにすることが可能な場合，そういう顧客をターゲットとして，追加貸付を行うことで，残高を伸ばしていった。1980年代半ば一時落ち込んだが，それ以外は貸付金残高が減少することはなく，一貫して上昇してきたのは1口座あたりの貸付単価が上昇してきたからである。

　3つ目は再貸付である。もともと口座を持っていた顧客に対する貸付である。新たな顧客層の獲得が進めば，再び大きな飛躍を遂げることになるであろうが，それができない場合は，「再貸付」の比率を高めることで残高を上昇させなければならない。

　ここで，残高成長と貸し倒れ償却率との関係をみよう。貸し倒れ償却率は，社会問題化した80年代半ばを除くと，77年前後と90年代前半が上昇している。特に，77年前後は急激に上昇している。この間，新規顧客数および口座数の伸びは急速に減少した。このように，消費者金融専業者の貸し倒れ償却率の上昇

第1章　消費者金融専業者の発展とその背景　127

図Ⅱ-1-3　口座伸び率、貸倒償却率および貸付金残高伸び率の推移

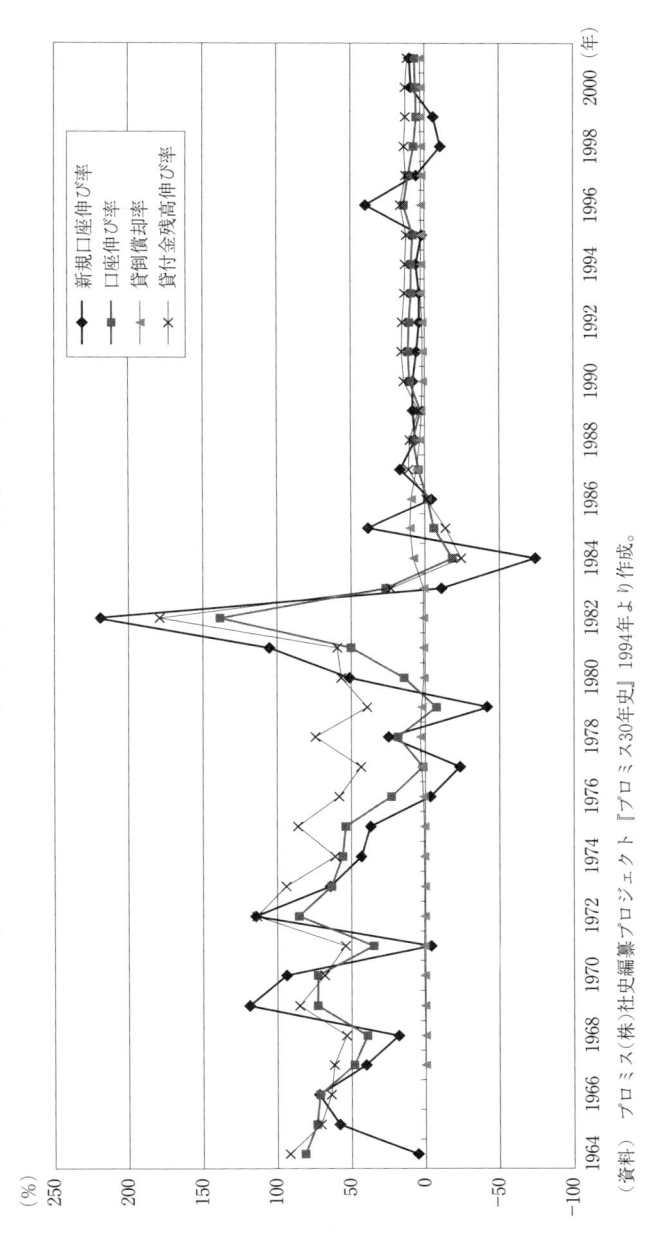

(資料)プロミス(株)社史編纂プロジェクト『プロミス30年史』1994年より作成。

は，新規顧客の伸び率（口座数の伸び率）低下局面下で生じてきた。したがって，口座数が大きく増加することが利益水準維持のために必要と考えられる。すなわち，こうした貸し倒れコストを吸収できるだけの残高成長を維持することで今日まで高収益を上げてきたということがいえる。

2-3 市場の成熟化

近年，1口座あたりの平均貸付金の増加による寄与度が高まりつつある（図Ⅱ-1-4）。次第に自動契約機効果が薄れ，消費者金融市場の拡大要因が，顧客数の増加によるものから，既存顧客への追加貸付によるものに次第にシフトしつつあり，市場の成熟化がみられる。これは，図Ⅱ-1-5のように歩留まり率の上昇にもみられる。近年，このような市場の成熟化が進展する中での成長の秘密を，3-3「補完的機能の充実」で詳しく探ることにする。

3 消費者金融専業者の成長の秘密を探る

3-1 潜在需要の存在

3-1では消費者金融専業者に対する潜在需要を検証し，3-2から潜在需要を顕在化させた機能に目を向けて，成長の秘密を探っていくことにする。

潜在需要について次の3つを挙げることができる。

それは①GDPの6割近く占める個人消費が順調に推移してきたことで，消費者金融市場もそれに支えられてきたこと，②消費や借入れに対する意識が次第に変化したこと，③家計において，収入と支出の間にタイムラグがありその隙間に消費者金融の潜在需要をみいだせた，ことである。

まず，個人消費が順調に伸びてきたことに注目したい。過去個人の家計可処分所得および消費支出の伸び率は低下しているものの，対前年比マイナスはほとんどみられない。また，家計可処分所得と消費性向をみると，バブル期以降，家計可処分所得の上昇率が低下している中で，長期的トレンドでは消費性向は上昇，貯蓄率は低下傾向である。さらに，消費支出に占める販売信用の割合も上昇（図Ⅱ-1-6）しており，販売信用が消費支出上昇のバックボーンである

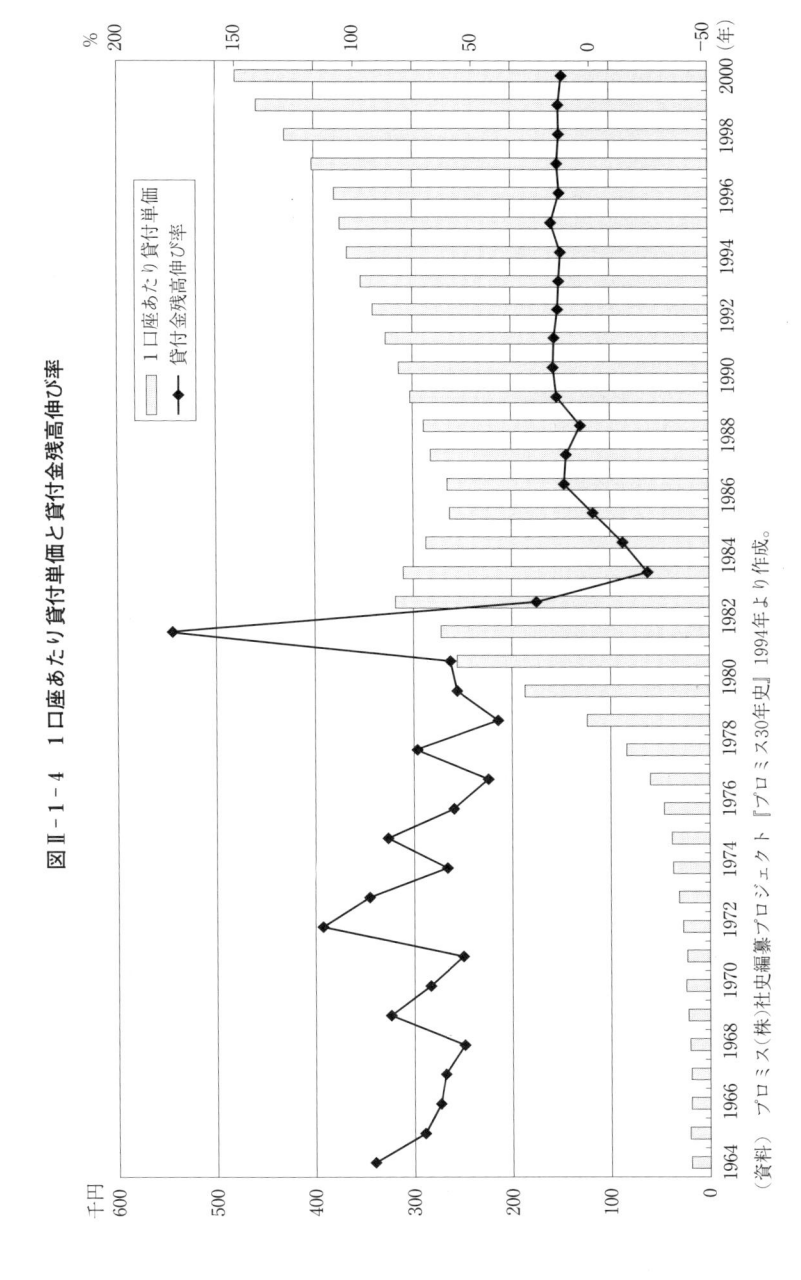

第 1 章　消費者金融専業者の発展とその背景　129

図Ⅱ-1-4　1口座あたり貸付単価と貸付金残高伸び率

(資料) プロミス(株)社史編纂プロジェクト『プロミス30年史』1994年より作成。

図Ⅱ-1-5　歩留まり率の推移

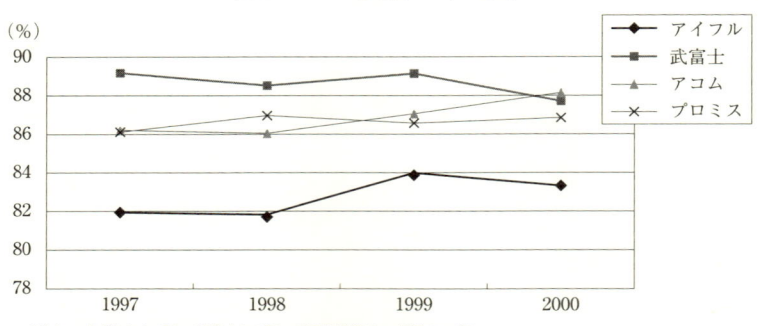

（注）　歩留まり率＝（期末口座－新規獲得）－期初口座
（資料）　各社「有価証券報告書総覧」より作成。

図Ⅱ-1-6　販売信用と消費支出（販売信用供与額／消費支出）の推移

（資料）　通商産業省産業政策局『日本の消費者信用統計　平成15年度版』より作成。

ことが推測できる。販売信用が消費性向上昇，あるいは維持に寄与していることがうかがえる。**3-3**「補完的機能の充実」で消費者金融専業者と販売信用の関係をさらに詳しく説明するとして，ここではさらに，年代別に詳しくみようと思う。

年齢別消費性向の推移をみると（**図Ⅱ-1-7**），団塊世代（1947～49年生)[5]は35歳くらいから44歳くらいの時期に消費性向は他の世代よりやや低下している。しかし，それを除いては，一貫して他の世代より消費性向は高く推移している

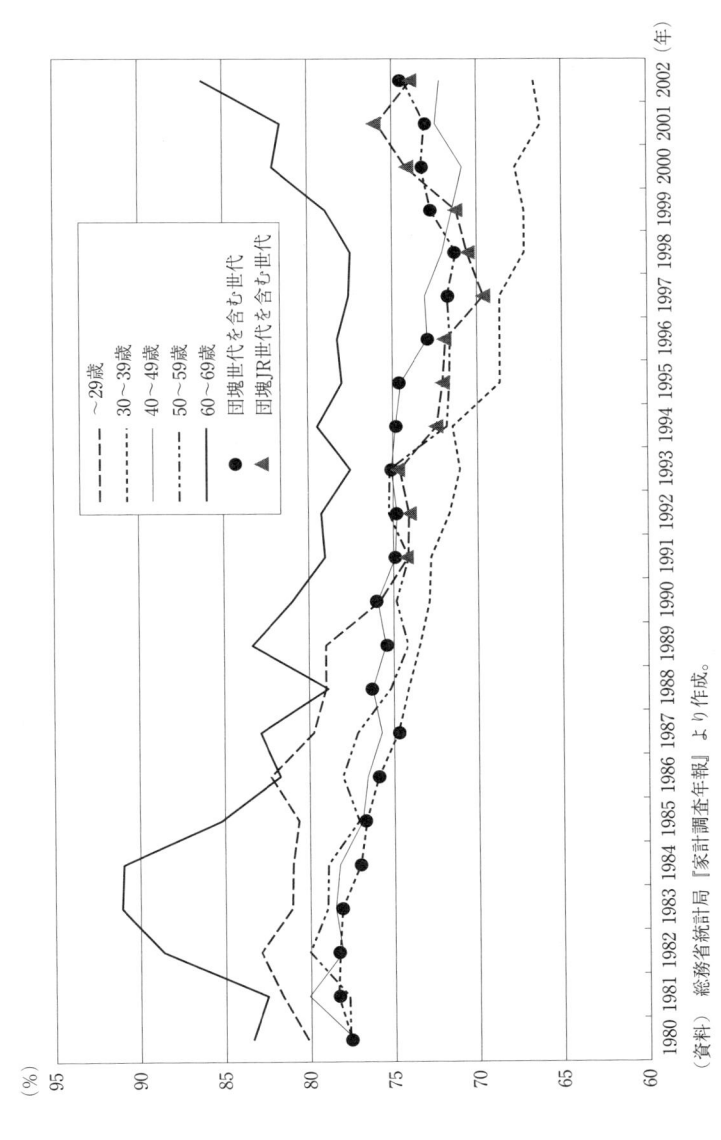

第1章 消費者金融専業者の発展とその背景　131

図Ⅱ-1-7　年齢別消費性向

凡例：
― ～29歳
--- 30～39歳
…… 40～49歳
-・- 50～59歳
――― 60～69歳
● 団塊世代を含む世代
▲ 団塊JR世代を含む世代

（資料）総務省統計局『家計調査年報』より作成。

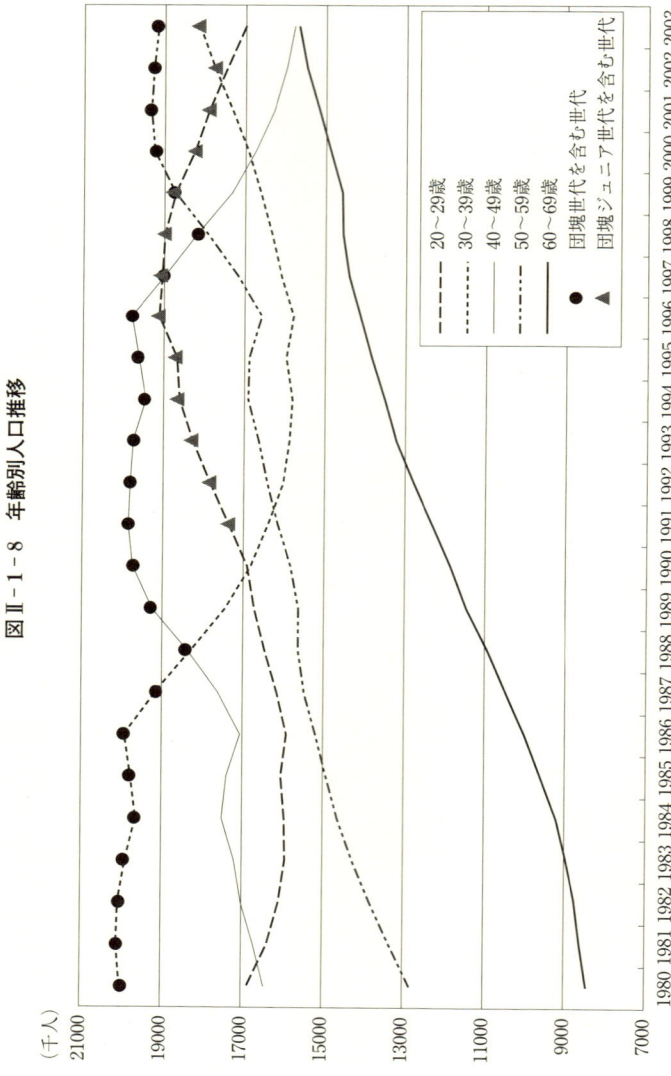

132　第Ⅱ部　消費者金融会社の今日

図Ⅱ-1-8　年齢別人口推移

（資料）総務省統計局「人口推計」より作成。

ことから，消費意欲が旺盛な世代といえる。2000年くらいまでは30歳代から50歳代において一貫して消費性向は低下している。20歳代の比較的若い世代の消費性向は上昇傾向とともに高く推移し，貯蓄の必要のない60歳代以上にも消費性向上昇傾向が強くみられる。バブル期以降団塊ジュニア世代（1971～74年生）が増加したこと，60歳代以上のウェートが大きくなったことが全体の消費性向を引き上げた要因と考えられる。

　先にみたように，消費者金融市場残高の第1次の残高成長期である1970年代は，団塊世代が20代から30代という若者世代の時期であり，バブル期以降の第2次のピークは団塊ジュニア世代が若者世代である。年代別人口推移をみるとそれをよく表しているが（図Ⅱ-1-8），成長時期には，これらに占める人口比率が高く，成長を押し上げる大きなインパクトとなったのである。

　消費支出を支えたのは，団塊世代が他の世代に比べて人口が多いことから，供給側が団塊世代に的を絞ったマーケティングにより同世代にとって魅力ある財やサービスを提供してきたことが要因の1つである。特に，耐久消費財に関しては，テレビ・電気洗濯機・電気冷蔵庫といういわゆる三種の神器が，その後，カラーテレビ・クーラー・乗用車（3C）へと変わり，これらは急速に普及していった。

　団塊世代が就職した高度成長期は年功賃金，終身雇用を中心とする日本的雇用が普及・定着した時期であり，収入増大も大きく，社会保障の拡大期でもあったことから将来不安が比較的少なかった。近年では成果主義を導入する企業がみられるようになり，従来の賃金制度に対する変化が出ているが，これまで安定した収入を確保しており，現在でも平均的にみれば高い収入を得ている。[6]

　現在，持ち家がある団塊世代の7割近くはバブル期以前に取得しており，住宅ローンの返済負担が比較的軽かったことにも原因がある。

　2番目に注目したいのは消費および借入れ意識の変化である。野村総合研究所の調査によると，比較的新しいデータではあるが「とにかく安いものを」という意識は，2003年には減少し，バブル以降不景気に慣れて「こだわり消費」が拡大，自分のライフスタイルや個性を重視した消費価値観がすべての年齢層で強くなっている。特に今後積極的にお金を使いたい分野としては旅行や趣

134　第Ⅱ部　消費者金融会社の今日

図Ⅱ-1-9　消費支出，可処分所得の推移

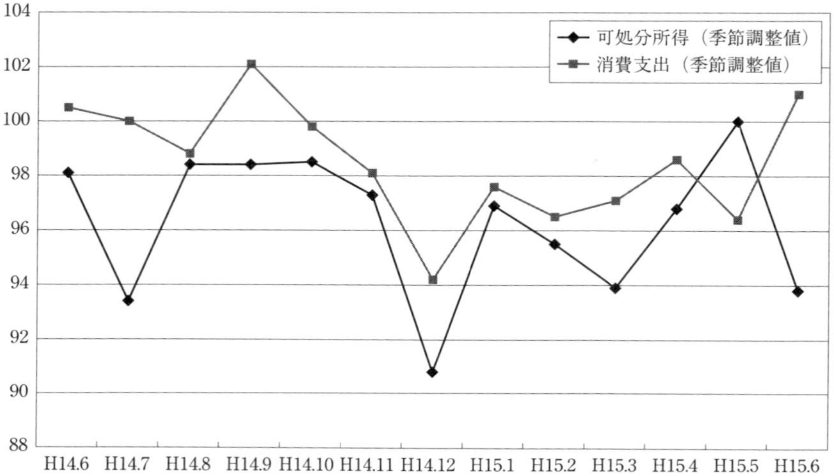

(注)　実質金額指数（平成12年＝100）。
(資料)　総務省統計局『家計調査報告　平成15年7月』より作成。

味・レクリエーションが多い。ただし趣味・レクリエーションに積極的にお金を使いたい人の数は減少傾向であるという結果が出ている[7]。このように，消費に対する意識の変化は着実に消費支出を支えてきた。

　また，借入れに対する意識の変化が次第に変化してきている。特に，団塊世代が20歳代の若者の時から貸し倒れや自己破産が上昇していることから分かるように，これらの世代が，借入れに対してドライになってきこともも一因となってきている。そして，専業者の新規顧客の4割から5割は20歳代であることから，常にこれらの世代が成長の牽引力となってきたといえるのである。

　3番目として，家計収支に目を向けてその要因を探ってみることにする。消費支出，可処分所得の推移（図Ⅱ-1-9）をみると，勤労者家計において月次収支のタイムラグが発生しており，消費が収支を上回っている状況が確認でき，潜在需要が存在することがうかがえる。先ほど団塊の世代の消費性向でみたように，わが国におけるこれまでの年功序列賃金制度が消費者金融サービスへの需要を大きくしている（図Ⅱ-1-10）のも要因の1つと考えられる。それは，

第1章　消費者金融専業者の発展とその背景　135

図Ⅱ-1-10　正社員とパート・アルバイトの年功賃金カーブ

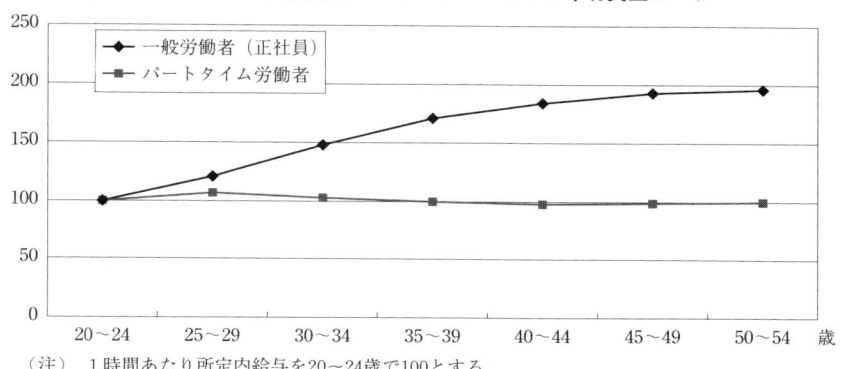

(注)　1時間あたり所定内給与を20～24歳で100とする。
(資料)　厚生労働省『賃金構造基本統計調査　2001年版』より作成。

図Ⅱ-1-11　雇用者に占めるパート・アルバイト比率（15～34歳対象）

(資料)　総務省統計局『労働力調査特別調査』より作成。

図Ⅱ-1-12　賞与の上昇率の推移

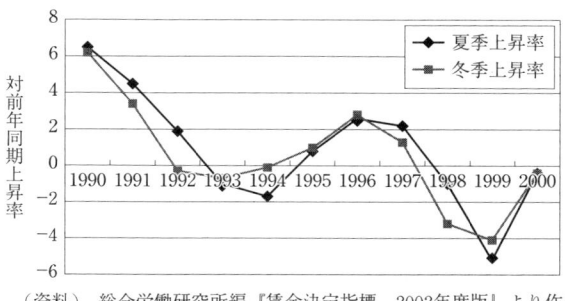

(資料)　総合労働研究所編『賃金決定指標　2002年度版』より作成。

右肩上がりの年功序列型賃金では個人の将来収入が正確に予測できるので，返済が確実だから，市場での借り手と貸し手の需給が一致しやすいからである。また，近年失業，フリーターの増加（図Ⅱ-1-11）や賞与の減少（図Ⅱ-1-12）も消費者金融サービスへの需要を拡大していると思われる。需要目的がレジャーや遊興費だけでなく生活費の割合も増加してきていることからも推測できる。以上のように，家計の状況を分析すると，消費者金融サービスに対する広範な潜在需要が存在し，こうした潜在需要の存在に対して消費者金融専業者が顧客ニーズに応えてきた。次項では，潜在ニーズを掘り起した消費者金融専業者の本源的機能の向上および補完的機能の充実について述べることにする。

3-2 本源的機能の向上

3-1では消費者金融専業者に対する潜在需要を検証してきたが，3-2以降潜在需要を顕在化させた機能について目を向けて，成長の秘密を探ることにする。

貸金業は貸付三種の神器を常用し，「債権者は常に強者であり，債務者はいつも弱者の立場におかれる」という不合理が一般的に通用していた。このような因習に囚われた非近代的な状況の中で，プロミスの創業者神内氏は，「債務者と債権者は人間として対等である」ことを発想の原点としてPCシステムを開発した。顧客からみた最高の有利性・最大の利便性を具備した理想の商品，すなわち，理想の金融システムとは何かを追求した結果，それは無利息・無期限・無催促の三無であるとし，これにどこまで経営として対応できるか顧客側に立ってその限界に挑戦した。無利息へのアプローチは，利息の後払い，日歩計算。無期限へは，極度契約に基づく回転信用システム。無催促へは金額，期間，回数を，随意，随時とした。こうしたサービスが，まさに庶民金融の潮流であり，他業態に対して競争上優位性をもたらし差別化されてきた。もちろん，今日もこうした潮流を汲んでいて，消費者金融専業者の機能性が他業態より高いと考えられるものをいくつか挙げることができる（表Ⅱ-1-3）。

第1に，無人契約機の導入（アコムが1993年に最初に導入）は，潜在しているニーズを掘り起こし，新しい価値を付加した。即時性と秘匿性である。秘匿性はプライバシーが守られるという価値がある。日本人には借金を恥とする意

表Ⅱ-1-3　利便性比較

	消費者金融	信販会社	銀行系クレジット	流通系クレジット	民間金融機関
金　　利	△	△	△	△	◎
限　度　額	△	△	△	△	◎
与信の確実性	◎	○	△	○	△
与信の迅速性	◎	△	△	△	△
返済の随時性	◎	△	△	△	◎
取引の融通性	◎	△	△	△	△
契約の秘匿性	◎	△	△	△	△

（資料）　消費者金融連絡会，広報資料2001年4月より作成。

識があり，借金が多いと軽蔑されるといったマイナスイメージがあるため，そういった借入しているという秘密を守るところに価値があるということである。ここに「お金を貸す」プラス「付加サービス」が生まれるわけある。第2に，統計的な与信審査システムとスコアリングを用いて，新規顧客に対して迅速かつ高い利便性を提供した。具体的には，年齢，氏名等の基本属性，持ち家，借入等の居住属性，勤続年数等の就業属性，個人信用情報センターのデータ等，数十件の顧客属性を組み合わせ，数千パターンの与信形式に類型化した。これによってとりわけ若年層の新規口座獲得に大いに寄与した。また，これまで貸し倒れ償却率が3％台で推移してきたことは驚くべきことであるが，残高成長という量的拡大と高金利貸出という質的な面からこのリスクを吸収した。それは，高度で革新的な統計学的手法による与信管理によるところが大きく，コスト高で採算が合わないとされていた銀行にはかつてなかったリスク管理システムである。さらに，顧客信用情報の利用は全情連などの顧客情報情報が高い与信審査を可能にしている。[10] 第3として，銀行より利便性が高い（機能が充実している）ものとして有人店でのサービスがある。営業時間が長いし立地がよい。無人機も含めて融資実行までのスピードが早い。返済方法は他の金融機関やコンビニのATMで24時間可能で，任意返済できるところが魅力となっている。以上のような消費者金融サービスの利便性（機能の向上）はSpeed（即時性）

図Ⅱ-1-13 総収入（支出）に対する分割・一括払借入金および借入金返済比率（平成13年）

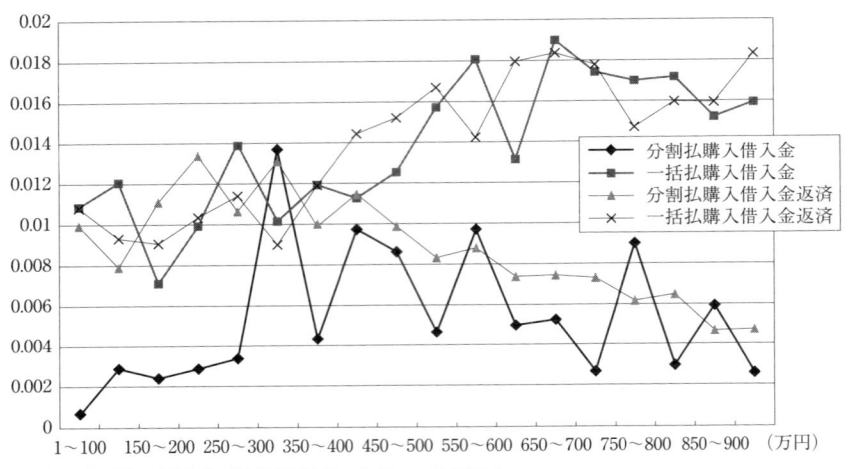

(注) 年間収入階級別（勤労者階級），住宅ローンは除く。
(資料) 総務省統計局『家計調査年報　平成13年度版』より作成。

Simple（借入，返済のシンプルさ，簡易性）Secret（秘匿性）という言葉でよくいい表されている。

3-3　補完的機能の充実

　まず，図Ⅱ-1-13「総収入（支出）に対する分割・一括払借入金および借入金返済比率」をみると，分割払購入借入金および一括払借入金が，購入時点（入口）で，支払時点（出口）は，分割払購入借入金返済および一括払借入金返済を意味する。この図から年収400万から450万以下では購入時は一括払で支払が分割払という傾向がうかがえる。

　次にカード発行の増加と販売信用の関係をみよう（図Ⅱ-1-14）。先ほど，販売信用は消費支出の拡大に大きく寄与したことを述べた。消費性向はバブル崩壊後も，97年までは上昇期にあったが，その拡大に寄与したのは，カード発行枚数の拡大による販売信用供与額の増大である。図Ⅱ-1-14の非割賦（一括返済）の顧客は，従来はロー・ミドルリスク層といわれてきたが，実際には，ハ

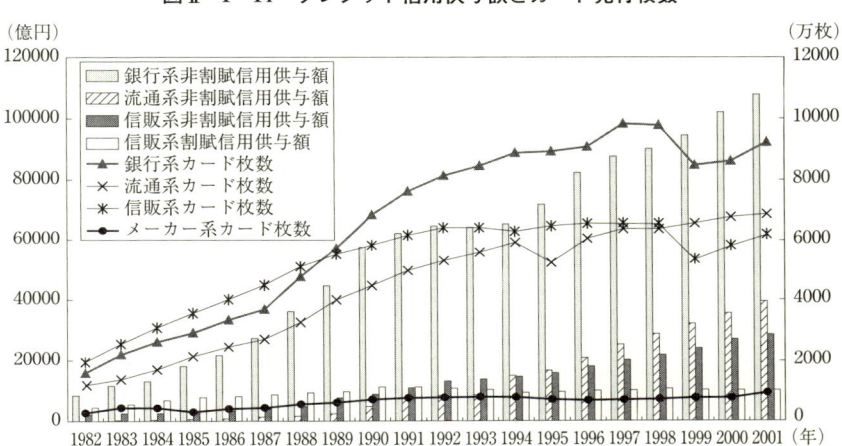

第1章 消費者金融専業者の発展とその背景　139

図Ⅱ-1-14　クレジット信用供与額とカード発行枚数

凡例:
- 銀行系非割賦信用供与額
- 流通系非割賦信用供与額
- 信販系非割賦信用供与額
- 信販系割賦信用供与額
- 銀行系カード枚数
- 流通系カード枚数
- 信販系カード枚数
- メーカー系カード枚数

（資料）　通商産業省産業政策局『日本の消費者信用統計　平成15年度版』より作成。

イリスク層にまでカードが普及した。その結果，主に一括返済できない顧客であるハイリスク層の決済資金として，消費者金融専業者の高い供給能力のある商品が利用され，残高成長に結び付いたと推測される。

　消費者は購入時点では支払方法は聞かれたくない，将来に対する借入を背負いたくないなど，見栄で一括返済を選択しがちだが，実際の支払形態としては，割賦を望んでいる消費者も存在する。しかし，この時期は，返済方法を後日変更するシステムが整っていなかったため，非割賦（一括返済）の延べ払いが必要となる。そこで，返済方法の利便性が高い消費者金融専業者が供給した商品で決済を行う結果となると推測される。現在，消費者信用業界において購入時一括，支払は後日分割にできるシステムが整っている。

　さらに図Ⅱ-1-15をみると，非割賦（一括返済）の増加の動きとほぼ似た動きをしているのが，専業者の消費者金融残高であることから，一旦一括決済を選択した人が，決済時に専業者のキャッシングで実質的に延べ払いにしている傾向がうかがえる。消費者金融専業者がこうした資金ニーズにも応えたことが，残高成長に結び付いたのである。

　民間金融機関や信販会社が，残高を減少せざるをえなかった一方で，消費者

図Ⅱ-1-15　販売信用市場と専業市場の推移（可処分所得対比）

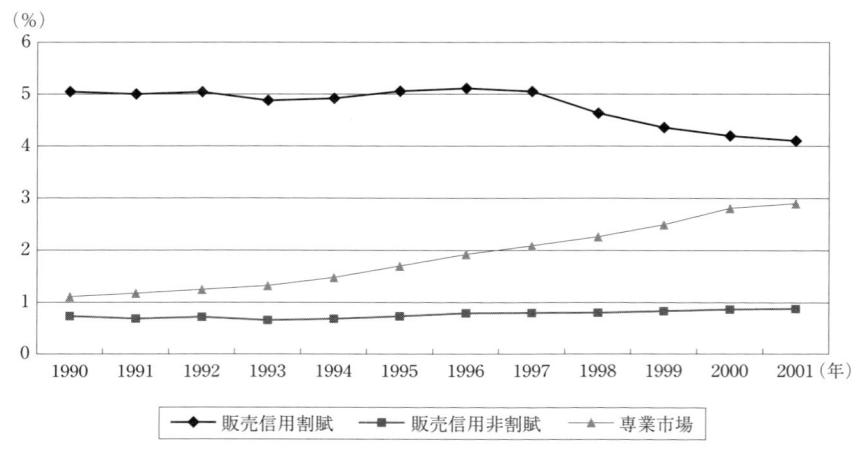

凡例：販売信用割賦　販売信用非割賦　専業市場

（資料）通商産業省産業政策局『日本の消費者信用統計　平成15年度版』より作成。

金融専業者は，与信能力および利便性を追求した商品等により機能を充実させ，実際には延べ払いを望む顧客のニーズを直接取り込んだだけでなく，間接的にも非割賦（一括返済）の決済資金として，実質延べ払いを望む顧客を取り込むことにより補完的機能を充実させた結果，残高を拡大していった，ということができる。

3-4　本源的機能の拡大

最後になるが，民間金融機関との提携により，消費者金融専業者が本源的機能を拡大していった経緯を述べる。民間金融機関は1980年代前半に貸し金業規制法等により消費者金融関連の法整備が進んだにも拘らず，政府に保護されていた銀行などの民間金融機関は，消費者金融に積極的に参入しようとしなかった。その最大の理由としては，貸付原資である預金を安全に運用する必要性があることから，必然的に貸し倒れに対する抵抗感が強く，リスクの小さい企業金融，中堅企業や大企業向けの融資（協会融資等制度融資がだめな時の肩代わりとしてやむなく高金利で借りるケースがある）を続ける必要があったからである。企業に対する貸付と比較して，わざわざリスクの高いリテール金融に参

入する必要性が薄かった。しかしながら，銀行業が参入に消極的であった時代は，次第に変化し，近年の銀行との関係は密になりつつある。東京三菱FGとアコムは合弁会社東京三菱キャッシュワンに続き，2004年3月には資本提携に動いた。同年6月三井住友FGはプロミスと資本提携。これまでの合弁から一歩踏み込んで既存の消費者金融専業者と資本提携することで，確立した専業者の基盤を手に入れたことになった。外資の消費者金融への参入も相次いでいる中でますます競争激化が促進されると予想される中，国内銀行グループや専業者も危機意識に目覚めた。東京三菱FGはリテールの覇者となるべく，リテール戦略を収益の柱の1つとしている。その内容は，新たなサービス・チャネルとしては，リテール事業において，「場所」の利便性を追求する融合型共同店舗である「MTFGプラザ」を展開する他，「時間」の利便性を追求する総合カード戦略などを推進する[11]。従来の個人向け金融の枠を超え収益力向上へ布石を打つ戦略に出た。

　専業者は銀行系の消費者金融会社と比べ，審査や回収のノウハウと顧客データベースの豊富さで圧倒的な優位を持ち，銀行の自前の個人ローンの審査・回収を専業者に外注が可能である。消費者金融側にとってはメガバンクの資金力と社会的信用を得られる。アコムの場合，グループ企業である東京三菱銀行から安定的に資金調達でき，長期金利が上昇した場合のメリットは大きいと思われる。消費者金融業界が成熟期にさしかかっており，今後貸出しの中核である若年層の人口減に加え，自己破産の増加に伴う貸し倒れ費用も収益を圧迫しつつある。こうしたことも提携促進させる要因である。銀行との提携により，初めて8〜12％台の低い金利の商品（の保証業務）を手がけられる。消費者金融業界には利息制限法の上限を超える利息の徴求を条件付きで認めた貸金業規正法43条の適用についてかなり厳格に解釈する見解があり，将来の金利引下げ不安をある程度見越した戦略であろう。

　さらに，消費者金融専業者は国際カード発行権の取得や既存のクレジットカード会社との提携・買収によるクレジットビジネスへの進出してきた。一方，2004年4月から都市銀行が直接発行するクレジットカードでも分割払いを扱えるようになった。分割払い解禁がきっかけになってメガバンクは，企業向け貸

付が伸び悩む中，個人向け取引にシフトして，生き残りを図ろうと，消費者の生活に密着したクレジットカードを，欠かせないツールであると重要視している。合併・提携で規模の拡大を図るとともに，魅力的なカードを作り出して競争を勝ち抜こうとしている。いよいよ銀行がカード事業に本腰を入れて乗り出してきた。

現在銀行は，三井住友，東京三菱，みずほの3大グループへと再編・統合されつつある。その過程で，こうした銀行グループによる大手消費者金融の系列化の進展と同時にクレジットカード会社の多くも淘汰され，ますます競争が激化することが予測される。

おわりに

以上のように，いくつかの角度から消費者金融専業者の成長の秘密を探ってきた。元来，家計には広範な潜在需要が恒常的に存在していた。そして，消費を拡大させたのが，カードの発行増大による販売信用の拡大であった。さらに，クレジット利用の拡大は必然的に消費者金融専業市場の拡大に結び付き消費者金融専業者の成長に寄与した。特に成長の寄与は若者世代の比重が大きく，第1次ピークは団塊世代が，第2次ピークは団塊ジュニア世代が成長に寄与した。消費者金融専業者が1993年に導入した無人機が高成長の最大の要因であると捉えがちであるが，1993年以前にも急成長期があり，これまで述べてきたことから分かるようにその要因を探るためには様々な角度からみる必要があった。成長期における時代背景として，企業社会への移行とともに，地縁血縁関係が薄れ人間関係が希薄になり，人々の消費に対する意識や借入れの意識が変化してきたことも分かってきた。また，本章ではふれなかったが，日本は現金社会であり，消費者金融専業者が直接現金需要を取り込んだことも成長原因の1つであろうと考えられる。専業者が時代の流れを的確に捉え，その時代のニーズにあった機能性の高い商品を消費者に提供してきた。銀行がかつて弱小中小企業やリテールに限界的な金融しか行ってこなかったことを考えると，それぞれの時代で人々の暮らしに密着し，そのニーズに応えてくれた専業者こそがまさに

庶民金融の担い手であるといえる。

▶ 注
1) 裁判所に訴えて請求できる利息制限法以内の金利部分，②貸金業規制法第17条および第18条に規定されている書面の交付を条件に貸金業規制法43条において有効な利息の債務の弁済とみなされる（みなし弁済），利息制限法を超過するが出資法の罰則金利以下の部分，③刑罰が科せられ，債務者は民法708条但し書によって超過額の返還請求が認められる出資法の刑罰金利以上の部分の３つに分かれる。
2) 貸金業規制法はその１条で「この法律は，貸金業を営む者について登録制度を実施し，その事業に対して必要な規制を行うとともに，貸金業者の組織する団体の適正な活動を促進することにより，その業務の適正な運営を確保し，もって資金需要者等の利益の保護を図るとともに，国民経済の適切な運営に資することを目的とする」とある。消費者保護と健全な国民経済の達成がその目的である。その内容は，登録制度の導入・業務規制の規定・所管行政庁の権限刑罰金利・貸金業協会の規定・グレーゾーン金利の取り扱い，である。また，この時同時に出資法も改正され上限金利が109.5％から73％に引き下げられた。
3) その後，アイフル・武富士（1998年），シンキ・クレディア・ニッシン（1999年）がそれぞれ東証１部に上場。
4) アコムの「むじんくん」（1993年），武富士の「￥enむすび」，プロミスの「いらしゃいまし～ん」，アイフルの「お自動さん」，レイクの「ひとりででき太」。
5) この表では団塊世代を含む世代としている。2003年時点では682万人で全人口の5.3％を占める。
6) 秋山寛暢「団塊世代がリードする消費──『アリギリス』が創り出す30兆円の巨大マーケット」『住友生命総合研究所プレスリリース』住友生命総合研究所，2004年，11ページ。
7) 野村総合研究所「生活者１万人アンケートにみる日本人の価値観・消費者行動の変化」2003年参照。
8) 片岡義広・山本真司監修『消費者信用ビジネスの研究』ビーケイシー，2001年，10ページ
9) プロミス(株)社史編纂プロジェクト『プロミス30年史──草創』1994年，164-165ページ。
10) 全情連（全国信用情報センター連合会，全国33の信用情報センターの連合組織）の顧客情報が高い与信審査を可能にしている。信販系のCIC，銀行系の全銀協

（全国銀行個人情報センター），独立系のCCBがある。取引情報は5年間保存。顧客が過去他の消費者金融専業者との取引を含めて，借入・返済態度を知ることが可能。

11) MTFG 東京三菱FGホームページ http://www.mtfg.co.jp/ 参照。

▶参考文献

阿達哲雄『ノンバンクその実像と役割』東洋経済新報社，1997年。
伊東眞一『消費者金融システム論』晃洋書房，2000年。
植田蒼『クレジットの知識』日経文庫，1990年。
江夏健一『現代クレジット社会を考える』IBI国際ビジネス研究センター，1996年。
沖野岩雄『貸金業現代史(上)』信用産業新報社，1992年。
片岡義広・山本真司監修『消費者信用ビジネスの研究』ビーケイシー，2001年。
鈴木久清『クレジット社会　虚像と実像』新日本出版社，1995年。
プロミス(株)社史編纂プロジェクト『プロミス30年史』1994年。
山川一陽・根田正樹・住田裕子編『新貸金3法Q&A　改正貸金業・出資・利息制限法の解説』弘文堂，2000年。
内閣府『平成15年版国民生活白書』ぎょうせい，2003年。
日本消費者金融協会『平成16年版消費者金融白書——消費者金融専業界の経営課題と今後の展望——』2004年。
阪岡誠「特集43条問題を考える——みなし弁済規定の空文化に危機感募らせる消費者信用業界——」『月刊消費者信用』22巻5号，2004年5月。
吉永高士「特集銀行のリテール戦略はこう変わる——機能分化と集約化のいっそうの進展が，規制秩序を揺るがす」『月刊消費者信用』22巻6号，2004年6月。
木下盛好「特集生活者の観点から考える消費者信用　サービス向上が効率化を導き出す」『月刊消費者信用』20巻10号，2002年10月。
消費者金融5社連絡会「消費者金融業界関連の課題に対する対応」1997年。
郵便貯金に関する調査研究会「第5回貯蓄行動と貯蓄意識に関する調査報告書」1994年。
――「第6回貯蓄行動と貯蓄意識に関する調査報告書」1998年。
大蔵省銀行局『銀行局金融年報』1995年。
通商産業省産業政策局『日本の消費者信用統計　平成15年版』社団法人日本クレジット産業協会，2003年。
総務省統計局『家計調査年報』1980～2002年。
全国貸金業協会連合会企画調査委員会『平成12年版貸金白書』全国貸金業協会連合

会，2001年。

▶ **ホームページ**
アイフルホームページ IR　http:/www.ir-aiful.com/
アコムホームページ投資家情報　http:/ir.acom.co.jp/
消費者金融連絡会　http://www.tapals.com/
総務省統計局　http:/stat.go.jp/
三菱東京 FG ホームページ　http:/www.mtfg.co.jp/

第2章　消費者金融会社の株式上場効果
―― 流動性を中心に ――

はじめに

　現在，わが国の経済は長期にわたる不況下にあり，それに伴い企業の多くは長期にわたり業績悪化に苦しんでいる。金融業界においても，銀行は多額の不良債権処理と株価下落による多額の有価証券評価損の発生，証券会社は株式市場低迷による委託売買手数料収入の減少，保険会社は競争激化による保険料収入の伸び悩みと有価証券評価損の発生，とほぼ例外なく多くの会社は業績悪化に苦しんでいる。そんな中，一時ほどではないが，比較的継続して堅調に業績を伸ばしているのが，消費者金融会社である。

　2003年末時点で，9社の消費者金融会社が証券取引所に株式を上場している。しかもその大半は，わが国最大の証券取引所である東京証券取引所（以下，東証）の1部市場上場企業である。また消費者金融会社大手の株価は高く，旧商法の50円額面換算ベースで数千円している。発行済み株式総数に差があり単純比較はできないが，大手銀行持株会社，証券会社，損害保険会社など広義の金融関連会社の大半が旧商法の50円額面に換算すると3桁の株価であるにも拘らず，消費者金融会社大手の株価は軒並み4桁となっており，東証上場企業の中でも高株価に属している（**表Ⅱ-2-1**参照）。

　このように，消費者金融会社の多くは現在では東証1部市場上場企業でかつ，高株価の企業であるにも拘らず，それらのすべての会社は1996年9月のアコム，プロミス，三洋信販の東証1部市場上場まで，東証1部市場には存在しておらず，1994年12月のアコム，プロミス，三洋信販の3社が東証2部市場に上場す

表Ⅱ-2-1　消費者金融会社と大手金融関連会社の株価比較
（2003年末日現在）

分　類	会社名（持株会社名）	1株株価	旧商法50円額面換算
消費者金融	アース	290	290
	アイフル	7,840	7,840
	武富士	5,010	5,010
	クレディア	1,140	1,140
	シンキ	388	388
	ニッシン	487	487
	アコム	4,860	4,860
	三洋信販	3,550	3,550
	プロミス	4,670	4,670
大手銀行	三菱東京	836,000	836
	UFJ	515,000	515
	りそな	135	135
	三井住友	571,000	571
	みずほ	325,000	325
証　券	大和証券	729	729
	日興コーディアル証券	597	597
	野村	1,825	1,825
損害保険	三井住友海上火災	880	880
	損保ジャパン	881	881
	ミレア	1,400	1,400

（資料）　東洋経済新報社編『株価総覧』（2004年版）より作成。

るまで証券取引所には消費者金融会社の上場はなかったのである。さらには，1993年9月にプロミスと三洋信販が株式店頭市場に店頭登録する[1]まで，わが国株式市場には消費者金融会社の株式公開は行われなかったのである。プロミスと三洋信販が株式店頭登録した1993年時点において，現在株式を公開している消費者金融会社の多くは，証券取引所における株式上場基準のうち数値基準等の条件は満たしていた（**表Ⅱ-2-2**，**表Ⅱ-2-3**参照）。それにも拘らず，消費者金融という業種が証券取引所上場企業には不適切という理由から，株式上場が事実上不可能であったのである。証券取引所に比べ，上場基準が緩やかである等，比較的株式公開が容易でかつ，証券取引所にはない多種多様な業種が株式

表Ⅱ-2-2　消費者金融会社の93年前後の利益額等

会社名	決算期	1株あたり（円） 利益	配当	株主資本
アース	93.11	1,865.8	100	21,115.1
アイフル	93.3	1,993.6	100	25,588.8
武富士	94.3	53.0	3	1,682.8
クレディア	93.3	275.3	75	10,479.4
シンキ	93.3	498.4	60	7,832.6
ニッシン	93.3	135.7	15	1,291.1
アコム	93.3	226.7	10	1,862.9
三洋信販	93.3	308.9	10	2,958.6
プロミス	93.3	115.0	10	1,879.4

（資料）　東洋経済新報社編『株価総覧』各号。

を公開している株式店頭市場でさえも，同様の理由から，消費者金融会社の株式公開を長らく認可してこなかった（**表Ⅱ-2-4参照**）。

　以上のように，証券取引所の上場基準のほとんどを満たしながら，上場企業には不適切という理由だけで長年にわたり上場が見送られていた企業が，証券取引所上場後，投資家に受け入れられるかは定かではない。社会的評価がまだまだ低い消費者金融会社が，そのままの評価通りであれば，投資家，なかでも証券市場でのキープレーヤーである機関投資家などはポートフォリオへの組み入れに消極的な対応を取ると想定され，結果的には流動性が向上するなどといった効果は期待できないとも考えられる。つまり，社会的評価と投資家行動が同様であれば，流動性の向上は期待できないと考えられる。逆に，消費者金融会社が多くの投資家に評価されれば，活発に取引が行われ，流動性の向上は期待できると考えられる。

　そこで本研究では，消費者金融会社が株式店頭市場から証券取引所市場に株式を上場することで，当該株式の流動性にどのような効果があったのか，また証券取引所市場第2部上場後，市場第1部への上場市場指定替えを行った際には当該株式の流動性にどのような効果があったのかを実証分析した。

　まず1では，消費者金融会社の株式上場の軌跡を振り返り，2では株式市場変更の意義を検討する。3で実証分析を行い，株式市場変更の効果を検証し，

150 第Ⅱ部 消費者金融会社の今日

表Ⅱ-2-3 内国株式上場諸基準の概要（1単位の株式が1,000株の場合）

（1992年末現在）

項目	基準	上場審査基準	市場第一部銘柄指定基準	市場第一部銘柄から市場第二部銘柄への指定替え基準	上場廃止基準
上場株式数		a. 東京周辺の会社 400万株以上 b. 東京周辺以外の会社 2,000万株以上	2,000万株以上	2,000万株以上	400万株未満
株式の分布状況	少数特定者持株数	上場のときまでに上場株式数の70％（当分の間80％、上場後最初の決算期に70％）以下となる見込み	最近2事業年度末日において上場株式数の70％以下	―	上場株式数の70％（猶予期間1年）超
	株主数	上場のときまでに下記の人数以上となる見込み a. 1,000万株未満の場合…800人 b. 1,000万株以上2,000万株未満の場合…1,200人 c. 2,000万株以上の場合 2,000人+1,000株ごとに100人（上限3,000人）	最近2事業年度末日において下記の人数以上 上場株式数が a. 3,000万株未満の場合…3,000人 b. 3,000万株以上2億株未満の場合 3,000人+1,000万株ごとに100人 c. 2億株以上の場合 4,800人+2,000万株ごとに100人	下記の人数未満（猶予期間1年） 上場株式数が a. 3,000万株未満の場合…2,000人 b. 3,000万株以上2億株未満の場合 2,100人+1,000万株ごとに100人 c. 2億株以上の場合 3,800人+20株ごとに100人 d. 20億株以上の場合 9,800人+5,000万株ごとに100人	上場株式数の70％（猶予期間1年） 上場株式数が a. 1,000万株未満の場合…400人 b. 1,000万株以上2,000万株未満の場合…600人 c. 2,000万株以上の場合 1,000人+1,000株ごとに100人（上限2,000人）
売買高		東京、大阪、名古屋における最近6か月間及びその前6か月間それぞれの月平均売買高 1か所の場合 20万株以上 2か所の場合 各所合計25万株以上 3か所の場合 各所合計30万株以上	東京、大阪、名古屋における最近1年間の月平均売買高 1か所の場合 4万株未満 2か所の場合 各所合計5万株未満 3か所の場合 各所合計6万株未満		最近1年間の月平均売買高が1万株未満又は3か月間売買取引不成立
財務諸表の虚偽記載		最近3年間「虚偽記載」のないこと、最近3年間の監査意見が「適正」、「無限定」	―		「虚偽記載」を行い、かつ、その影響が重大であると本所が認めた場合
営業活動		設立5年以上継続して営業活動	―		営業活動の停止又はこれに準ずる状態
株主資本（純資産）の額		最近事業年度末日において10億円以上、1株当たり100円以上	―		（無配継続、債務超過）更生手続もしくは整理継続又は最近3年間債務超過の場合（銀行の取引の停止）銀行取引停止の場合これ又は合併）不適当な合併等により実質的な存続会社でなくなった場合
利益配当		上場前1年間有配、かつ、上場後1株当たり5円以上継続の見込み	最近5年間「虚偽記載」のないこと、継続して5円以上の配当		―
利益の額		①又は②のいずれかに適合すること ①a. 最近3年間の利益の額 最初の1年間 2億円以上 次の1年間 3億円以上 b. 1株当たりの利益の額 最近3年間の利益の額が平均発行済株式数について1株当たり15円以上、かつ、最近1年間の利益の額が発行済株式数について1株当たり20円以上 ②a. 最近3年間の利益の額 b. 1株当たりの利益の額 最近3年間の各1年間又は次の1年間の各事業年度の利益の額のうち最近1年間の各事業年度の額が15円以上、かつ、最近1年間の利益の額が発行済株式数について1株当たり20円以上			

（注）1 「少数特定者持株数」は大株主上位10名および特別利害関係者（役員等）が所有する株式の総数。
2 株主数とは1単位の株式以上を所有する株主の数（大株主上位10名および特別利害関係者を除く）。
（出所）東京証券取引所『東証要覧』

第2章　消費者金融会社の株式上場効果　151

表Ⅱ-2-4　店頭登録基準の変遷

登録基準＼施行年月	平成元年4月	平成3年10月	平成9年8月
資本金又は株式数	登録時における発行済株式数が200万株かつ直前事業年度における平均発行済株式数が100万株以上	同　左	同　左
設立後経過年数	―	同　左	同　左
株主数	登録日における発行済株式数が ・2,000万株未満　200人以上 ・2,000万株以上　400人以上	同　左	同　左
配当	―	同　左	同　左
利益の額	直前事業年度において1株当り（税込み）利益が10円以上	同　左	同　左
純資産の額	直前事業年度末において2億円以上	同　左	同　左
監査意見	直前事業年度の監査報告の総合意見が「適性」（原則として無限定）であること	直前事業年度の監査報告及び申請事業年度の中間監査報告書の総合意見が「適性」又は「有用な会計情報を表示している」（原則として除外事項が付されていない）であること	同　左
広告	一般日刊紙に掲載する	同　左	同　左
事務代行機関	本協会の指定する事務代行機関であること	同　左	同　左
株券の様式	本協会が定める株式に適合していること	同　左	同　左
株式の譲渡制限	行っていないこと	同　左	同　左
再登録	3年以内に取消されたものでないこと	同　左	同　左
上場の有無	上場していないこと	同　左	同　左
単位株制度	採用していること	同　左	同　左
株式公開の方法	公募又は売出し（一部入札制度の導入）	同　左	公募又は売出し（ブックビルディング制度の導入）
登録前の第三者割当増資及び株式移動等	「登録前の第三者割当増資及び特別利害関係者等の株式移動等に関する規程」に適合しない第三者割当増資及び特別利害関係者等の株式移動等が行われていないこと	同　左	同　左

（注）1　昭和62年1月の規則改正において，「法令等により，料金等の統制を受けており，国民経済上特に育成する必要があると認められる会社で，将来の業績の見通しが良好であると見込まれるもの」については登録基準の「利益の額」の規定を適用しない旨の規定を設けた。
　　　2　平成3年10月の規則改正において，「特別の法律の規定に基づき株式の譲渡に関して制限を行う場合で，かつ，その内容が市場における売買取引を阻害しないものと本協会が認めるもの」については登録基準の「株式の譲渡制限」の規定を適用しない旨の規定を設けた。
（出所）　ジャスダック『JASDAQ市場統計年報』。

最後に消費者金融会社の社会的評価向上策を検討する。

1 消費者金融会社の株式上場の軌跡

　上場基準を満たしていたものの，これまで公開できなかった業種には消費者金融の他，商品取引会社やパチンコ店経営会社などがあった。商品取引会社は，1960年代後半から70年代前半にかけての強引な勧誘や顧客とのトラブルなどの不祥事が，またパチンコ店経営会社は，景品交換に絡む暴力団との関係，脱税などで否定的なイメージがつきまとっていたため，株式公開を難しくしてきた。[2]その後，商品取引会社への株式公開は可能となり，現在では一部の会社は東証に上場している。しかし，パチンコ店経営会社は未だに株式公開の道は閉ざされたままである。

　商品取引会社やパチンコ店経営会社と同様，1970年代後半から1980年代初頭に，過剰融資，過酷な取り立て，高金利のいわゆる3Kが「サラ金地獄」として社会問題化したことが消費者金融会社のイメージを劣悪なものにした。そのため，消費者金融会社は証券取引所市場だけでなく，公開基準がより緩やかである株式店頭市場への株式公開の道も長らく閉ざされていたのである。

　こうした「サラ金地獄」問題を契機として，1983年には消費者保護を目的とした貸金業規制法の施行や出資法の改正で，貸付金利の引下げが行われた。これにより，上限金利が年109.5％から73.0％となったため，消費者金融会社の準大手（ヤタガイやエサカ）が和議を申請したり，消費者金融会社の中堅会社が合併したりするなど，消費者金融会社の廃業，倒産，吸収合併など業界再編が進んだ。貸金業登録業者数は法律施行から1年で，約22万社から約3万3000へと7分の1に激減し，消費者金融業界はいわゆる「冬の時代」に突入した。その後も1987年11月には，出資法貸付上限金利は年73.0％から54.76％に引き下げられるなど規制が続いた。さらには，1991年5月には貸金業規制法が一部改正され，目的条項には資金需要者の保護に加えて，「国民経済の適切な運営に資する」という条文が追加された上に，同年11月には，出資法の本則金利は年40.004％に移行された。[3]このような法律の整備や貸付金利の引下げに加え，

表Ⅱ-2-5 時価総額ランキング（1994年5月2日現在）

(単位：億円，円，万株)

順位	コード	社名	時価総額	株価	発行済株式数
1	8572	アコム	7,332	5,500	13,330
2	8595	JAFCO	6,250	13,000	4,807
3	9574	プロミス	6,411	6,590	8,210
4	8573	三洋信販	3,831	10,700	3,580
5	6417	SANKYO	3,428	6,850	5,005
6	6481	THK	2,318	1,980	11,707
7	6413	理想科学	1,720	12,200	1,410
8	9203	日本エア	1,663	7,600	2,188
9	7937	ツツミ	1,571	11,200	1,403
10	9654	光栄	1,518	7,000	2,168

（出典） 山一証券経済研究所。
（出所） 証券団体協議会『株式店頭市場の現状と課題』1994年7月，21ページ。

与信管理システムを導入するなど，業界をあげて消費者金融会社の利便性を追求することで，業界の社会的地位向上を図る努力が行われた。このような努力の甲斐もあり，大蔵省をはじめとした証券市場関係者の消費者金融会社に対する悪いイメージの払拭も徐々に進み，1993年9月にプロミスと三洋信販が消費者金融会社で初めて株式店頭市場への株式公開が認められたのである。その後，翌10月にはアコムが続いた。当時，株式店頭市場はそれほど大きくなかったこともあり，この3社の時価総額は，直ぐに株式店頭市場の上位を占めた（**表Ⅱ-2-5参照**）。

さらにアコム，プロミス，三洋信販の3社は，1994年12月に消費者金融会社として初めて東証2部市場に上場が認められた。この3社は1996年9月には東証1部市場に指定替えされ，株式店頭市場への株式公開からわずか3年で，わが国の株式上場市場の最高峰まで辿り着いたのである。業界最大手の武富士はこの3社から数年遅れたが，1996年8月に株式店頭登録を行い，そのわずか2年4ヵ月後には消費者金融会社として初めて東証1部市場に直接上場を果たした。

その他，現在証券取引所に株式を上場している消費者金融会社のうち，札幌証券取引所に単独上場しているアース以外の消費者金融会社はすべて，株式店

154　第Ⅱ部　消費者金融会社の今日

表Ⅱ-2-6　消費者金融会社の株式店頭登録
および株式上場の軌跡

1993. 9	プロミスと三洋信販が株式店頭登録
1993.10	アコムが株式店頭登録
1994. 4	ニッシンが株式店頭登録
1994.12	アコム，プロミス，三洋信販が東証2部上場
1995.10	シンキが株式店頭登録
1995.11	クレディアが株式店頭登録
1996. 8	武富士が株式店頭登録
1996. 9	アコム，プロミス，三洋信販が東証1部上場
1996. 9	ニッシンが大証2部上場
1997. 7	アイフルが株式店頭登録
1997. 9	アースが札幌証券取引所上場
1997. 9	クレディアが東証2部上場
1998.10	アイフルが東証2部・大証2部・京証に上場
1998.12	武富士が東証1部上場
1998.12	ニッシンが東証2部上場
1999. 2	シンキが東証2部上場
1999. 9	クレディア，ニッシンが東証1部上場
2000. 3	アイフルが東証1部上場
2000. 9	シンキが東証1部上場

（注）東証と他市場の同時上場の場合は，東証のみ記載。

頭市場へ株を公開後，一定期間を経て，東証1部市場に株式上場を果たしている（**表Ⅱ-2-6**参照）。

2　株式市場変更の意義

　株式店頭市場から証券取引所へ株式市場を変更する理由は，(a)証券取引所上場審査基準等の緩和と，(b)機関投資家からの要請という外部要因と，知名度の向上いう内部要因に分けることができる[4]。
　外部要因の(a)証券取引所上場審査基準等の緩和であるが，これまで証券取引所上場には厳しい基準が設けられていた。その結果，上場企業の多くが成熟した企業となったため，投資魅力のある成長企業を増やす目的から，近年は緩和方向にある。1996年2月の消費者金融会社の東証1部市場上場に先立ち，同年

1月には，オーナー経営者は取引所上場に際して，自らの保有株を大量に手放す必要がなく，経営権を継続して持ち続けながら取引所上場企業になることが可能となった。これに伴い，オーナー経営者が大株主である会社が多い消費者金融会社は，2部市場よりも上場基準の厳しい東証1部市場上場基準を満たすこととなり，2部市場から1部市場へ指定替えが実施された。また，1999年8月には，2部市場を経由しなくても直接1部市場に上場することが可能となった。これに伴い，店頭市場に比べ2部市場は東証でも知名度が低いという理由から上場基準を満たしていながらもあえて上場を見送ってきた企業などが，東証1部市場に上場する動きが活発化した。

　外部要因の(b)企業外部の機関投資家からの要請であるが，これは機関投資家の運用規制が要因となっている。「機関投資家が運用するファンドの中には約款の規則で店頭株を組み入れられないものも多く[5]」，このため成長余地が大きく，値上がり期待が高い銘柄であっても，規則によって投資ができない場合がある。そこで，機関投資家が発行会社に取引所への上場を要請し，それに応じる形で上場市場の変更を行うという例もある。

　次に内部要因であるが，証券取引所に上場することにより，知名度が株式店頭市場よりも向上できると考えている企業が多いことがあげられる[6]。株式店頭市場公開企業は証券取引所に上場するだけで，機関投資家の投資対象になり，それに伴い場合によっては，知名度の向上が期待できるという効果が考えられる。

　以上の要因から，株式店頭市場公開企業は上場市場の変更を行う誘因を持つのである。この知名度が向上は，当該株式の流動性の向上につながっているかどうかを次節で検証する。

3　消費者金融会社の証券取引所上場の流動性効果

3-1　分析方法

　本研究で用いた流動性指標は，新井［1994］で用いられたものを応用し，外島・高屋［2003］で用いたものを利用した。新井［1994］の流動性指標は，次

式のように日中価格変動性を売買高で除した MI 係数である。MI 係数は，

$$MI_{i,t}=100\times\frac{PV_{i,t}}{Q_{i,t}} \quad\cdots\cdots(1)$$

  $MI_{i,t}$：t 日における i 銘柄の MI 係数

$$PV_{i,t}=\{(P^{\max}{}_{i,t}-P^{\min}{}_{i,t})/[(P^{\max}{}_{i,t}+P^{\min}{}_{i,t})/2]\}\times2 \quad\cdots\cdots(2)$$

  $PV_{i,t}$：t 日における i 銘柄の日中株価変動性
  $P^{\max}{}_{i,t}$：t 日における i 銘柄の最高値
  $P^{\min}{}_{i,t}$：t 日における i 銘柄の最安値
  $Q_{i,t}$：t 日における i 銘柄の売買高

とし，個別銘柄の日中株価の変動性を示す尺度である日々の株価の高値と安値の差を日中平均で除して日中株価変動性を求め，それを当該銘柄の売買高で除したものである。この MI 係数が低くなると流動性は高まり，逆に高くなると流動性は低くなるといえる。

ただしこの MI 係数は，継続して活発に売買が行われている銘柄の流動性を計測するのには適しているが，活発な売買が行われず高値と安値が同値となる日が多いと(2)式で求められる日中株価変動性の値はゼロとなり，取引未成立と同様の扱いになるといった問題もある。そこで本研究では，下記のような修正 MI 係数を求めた。

$$MI'_{i,t}=\frac{Q_{i,t}}{PV_{i,t}}\times100 \quad\cdots\cdots(3)$$

  $MI'_{i,t}$：t 日における i 銘柄の修正 MI 係数
  $PV_{i,t}$：t 日における i 銘柄の日中株価変動性
  $Q_{i,t}$：t 日における i 銘柄の売買高（千株）である。

(3)の修正 MI 係数が高くなると流動性は高まり，逆に低くなると流動性は低くなるといえる。本研究では，個々の銘柄を対象にして市場変更前後の修正 MI 係数を求めた。さらにそれを分析期間に応じ，期間を区切って流動性の動向を検証した。具体的には，まず，上場市場変更前後50日間の日次ベースでの修正

MI係数の平均を求め，各々の数値を単純比較して，流動性はどう変化したかを分析する。そして，平均値の差の検定（t検定）により検定統計量を求め有意水準5％水準で検証した。次に，上記の50日分析により，流動性が向上あるいは低下したと有意にいえる銘柄を対象に，上場市場変更後50日間を10日ごと5期間（例えば1〜10日目，11〜20日目……，41〜50日目）に区切り，各期間での修正MI係数の平均値を上場市場変更前50日間の修正MI係数の平均値と比較した。ここで10日ごとに区切ったのは，期間を区切ることで上場市場変更後，流動性にどのような変化があり，またそれには何らかのパターンがあるかどうかを検証するためである。そして，上場市場変更前50日の修正MI係数の平均値と変更後10日ごとのそれとの差の検定（t検定）により検定統計量を求め有意水準5％水準で検証した。

3-2 分析データ

本研究で用いたデータは，市場変更した消費者金融会社のうち，市場変更発表日の前100日間，市場変更を実施後50日間，株式分割を行わなかった銘柄を対象にした。これは，株式分割は分割後，2カ月近く経過しないと新株（子株）を得ることができないため，株式分割に伴う株価の調整（株価下落）と市場で取引される株式数にタイムラグが生じるからである。ここで市場変更発表日とは，株式店頭市場から証券取引所市場への変更に関しては，証券取引所の大蔵大臣への上場申請もしくは，証券取引所が上場承認を行ったことが『日本経済新聞』に掲載された日とする。また，2部市場から1部市場への変更に関しては，証券取引所が1部市場への指定変更を発表し，それが『日本経済新聞』に掲載された日とする。

以上より，株式店頭市場から証券取引所2部市場へ変更した銘柄は6銘柄，証券取引所部2部市場から1部市場へ変更した銘柄は6銘柄，株式店頭市場から証券取引所1部市場へ変更した銘柄は1銘柄となり，累計13銘柄のデータを用いて分析を行った。

なお，市場全体と個別銘柄の売買高はリンクしており，相場環境の変化により流動性も変化すると考えられるが，東証2部市場の大商い10銘柄占有率は60

158　第Ⅱ部　消費者金融会社の今日

表Ⅱ-2-7　分析結果一覧

市場変更	社　名	50日分析	10日分析			
			1～10日	11～20日	21～30日	31～40日	41～50日
店頭から2部	アコム	14.552*	1.619	0.079	−0.375	48.891*	−1.588
	プロミス	0.810	−0.030	−0.637	−0.299	0.307	1.322
	三洋信販	14.092*	15.232*	5.125*	6.058*	3.690*	4.794*
	クレディア	0.317	0.022	−0.418	−1.263	0.499	1.639
	アイフル	−1.787**	−1.044	−0.350	−0.841	−0.581	0.492
	シンキ	23.098*	2.394*	8.028*	7.293*	19.468*	19.421*
2部から1部	アコム	3.530*	4.171*	2.534	−1.047	4.826*	−0.075
	プロミス	8.971*	9.462*	4.485*	4.208*	4.110*	6.100*
	三洋信販	−1.860**	0.666	−1.939**	−0.930	−1.051	−1.337
	クレディア	−1.190	2.347*	−1.068	−2.032**	−1.318	−1.223
	シンキ	4.916*	6.874*	2.741*	−0.987	7.932*	2.218*
	ニッシン	1.754*	6.757*	3.027*	−1.487	−0.969	−2.218**
店頭から1部	武富士	0.681	2.982*	−0.329	0.237	−0.240	−0.996

（注）　＊　5％水準で有意に流動性が向上。
　　　＊＊　5％水準で有意に流動性が低下。

％超の日が多く，特定銘柄が市場をリードしていると考えられるため，本研究では相場環境の変化は無視した。

3-3　分析結果

　まず，50日分析の結果を検証する（**表Ⅱ-2-7参照**）。株式店頭市場から2部市場に市場変更（以下，ケース1）した6銘柄では，流動性が向上したのは5銘柄で，うち有意に向上したといえるのは3銘柄，流動性が低下したのは1銘柄でこれは有意に低下したといえるという結果であった。2部市場から1部市場に市場変更（以下，ケース2）した6銘柄では，流動性が向上したのは4銘柄で，この4銘柄とも有意に向上したといえ，流動性が低下したのは2銘柄で，うち有意に低下したといえるのは1銘柄という結果であった。株式店頭市場から1部市場に市場変更（以下ケース3）した1銘柄は，流動性は流動性したものの，有意に向上したとはいえないという結果であった。

次に10日分析の結果を検証する（表Ⅱ-2-7参照）。50日分析で流動性が向上した7銘柄のうち，流動性が有意に向上した期間が3期間以上は5銘柄，4期間以上が4銘柄で，全期間流動性が向上したのは3銘柄という結果であった。

一方，50日分析で流動性が有意に低下したといえるのが，ケース1，ケース2各々で1銘柄ずつ計2銘柄ある。これらの10日分析を検討すると，流動性が低下した期間が多いが，その大半は有意に低下したとはいえないことが分かる。つまり市場変更後，流動性は低下したものの，急激に低下したわけではなく，ゆるやかに低下していると考えられる。

以上より，50日分析では過半数の7銘柄が市場変更により流動性が向上し，そのほとんどの銘柄で市場変更後，3期間以上流動性が向上していたことが分かった。これは，市場変更後，一時的に取引が活発化しそれにより50日分析の流動性が向上したというのではなく，市場変更後も継続して活発な取引が行われ，その結果，流動性が向上したと判断することができる。

おわりに

本研究では，消費者金融会社の上場市場変更が株式流動性にどのような影響があるのかを株価と出来高のデータを利用した分析を行った。この結果，流動性が低下した銘柄はわずかで，過半数の銘柄で流動性が向上し，しかもそのほとんどの銘柄で市場変更後も継続して流動性が向上していることが分かった。これは，市場変更によるいわゆる「ご祝儀相場」で流動性が向上したというのではなく，継続して活発な取引が行われた結果だといえる。つまり，機関投資家をはじめとする多くの投資家が，消費者金融会社を投資対象として十分認知した結果だと想定される。高株価を維持し，市場変更により流動性が向上する銘柄が多いということは，消費者金融会社の社会的地位向上の証でもあるとも考えられる。

ただ中には，市場変更に伴い逆に流動性が低下した銘柄も少なからず存在する。市場変更後のわずか50日間という短い期間ではあるが，市場変更というどちらかというとグッドニュースにそれほど反応を示さないのは，市場変更前か

らすでに多くの投資家が投資していたためなどの理由が考えられるが,主要因は不明である。今後の課題としたい。

　消費者金融会社の社会的地位は,1980年代のサラ金地獄当時に比べると大幅に向上してはいる。しかし,2000年代前半には,大手消費者金融会社が不祥事を起こしたり,非上場ではあるが法外の高金利で融資を行うヤミ金融業者が消費者金融会社の中に多数存在したり,多重債務者問題が深刻化するなど,消費者金融会社の社会的地位を低下させるような事件等が多発しているのは事実である。こういう事例が多発すると,折角獲得した投資家の評価低下にもつながり,消費者金融会社株の取引は低迷し,流動性が低下する可能性もある。

　東証1部市場上場企業というわが国の株式市場の最高位まで上り詰めた上場消費者金融会社各社は,今後は業界の社会的地位向上に向けた対策を講じることが望まれる。その第一歩として,業界の意見統一を図るため,複数存在する業界団体の統一を検討すべきである。そしてその統一された業界団体が関係省庁と連携し,ヤミ金融業者撲滅活動や,多重債務者防止に向けた啓蒙活動やカウンセリング活動などを積極的に行い,消費者金融会社および業界全体の社会的地位向上に,今以上に努力することが望まれる。

▶注
1) 株式店頭市場は現在,ジャスダック証券取引所,店頭登録は現在,上場という表現が用いられるが,1990年代半ばでは,株式店頭市場,店頭登録又は店頭市場公開という表現であったため,本研究ではこれを用いた。
2) 『日本経済新聞』1993年11月4日参照。
3) プロミス経営企画部「ノンバンク講座　消費者金融事情①」『日本経済新聞社』1994年5月30日,参照。
4) 以下,外島・高屋［2004］185-186ページ参照。
5) 『日経金融新聞』1998年12月15日。
6) 知名度の向上以外に,資金調達時における信用力の向上を期待している企業もある。

▶参考文献
Ahmihud Yakov, Haim Mendelson, "Liquidity and Asset Prices : Financial Manage-

ment Implications," *Financial Management*, Spring 1988, pp. 5-15.
Dubofsky, D. A and J. C. Groth, "Exchange Listing and Stock Liquidity," *The Journal of Financial Research*, Winter 1984, pp. 291-302.
Faboxxi, F. J, "Does Listing on the AMEX Increase the Value of Equity," *Financial Management*, Spring 1981, pp. 43-50.
Goulet, W. M, "Price Changes, Managerial Actions and Insider Trading at The Time of Listing," *Financial Management*, Spring 1974, pp. 30-36.
東真之「日経平均株価の流動性――流動性の計量的尺度からみた一考察――」『投資月報』日興リサーチセンター，1992年5月号，62-73ページ。
新井富雄「先物市場は現物価格変動の激化要因であったか」『日本の先物市場に関する研究』大阪証券取引所先物研究会，1994年6月，17-34ページ。
伊東眞一『消費者金融システム論』晃洋書房，2000年。
大村敬一・宇野淳・川北英隆・俊野雅司『株式市場のマイクロストラクチャー』日本経済新聞社，1998年。
神木良三『株式上場理論の展開』晃洋書房，1989年。
斎藤誠・大西雅彦「日経平均株価の銘柄入れ替えが個別銘柄の流動性に与えた影響について」『現代ファイナンス』No.9，2001年3月，67-82ページ。
消費者金融連絡会編・刊『消費者金融ガイドブック TAPALS 白書（2003年版）』，2003年。
菅祥哉「株式市場における流動性の計測について」『証券』東京証券取引所，1999年9月，40-65ページ。
芹田敏夫「流動性が株式収益率に与える影響：日本の株式市場についての実証分析」『日本ファイナンス学会第7回予稿集』日本ファイナンス学会，1999年6月，86-103ページ。
杉江雅彦監修，坂下晃編著『証券論15講』晃洋書房，2003年。
外島健嗣「信用取引制度の効果」『証券経済学会年報』証券経済学会，34号，1999年，79-91ページ。
外島健嗣・高屋定美「株式投資単位のくくり直しの流動性に関する実証分析」『証券経済研究』第41号，2003年，159-172ページ。
――「株式上場市場の変更による流動性の影響」『証券経済研究』第46号，2004年，183-196ページ。
――「マーケットメイク制度導入が株式流動性に与える影響――制度導入初期の実証分析――」，2004年，mimeo。
高屋定美・外島健嗣「機関投資家の資産運用と市場の流動性」『商学論集』関西大学

商学会, 第49巻第6号, 35-54ページ, 2005年。
中熊泰和・石井文彦「TOPIX 新規組入れ銘柄におけるアブノーマル・リターンとインデックス運用に対する影響」『証券アナリストジャーナル』Vol. 39, 2001年5月, 20-33ページ。
日本証券経済研究所編, 『詳説日本の証券市場』日本証券経済研究所, 2002年。
広田真人「派生市場創設後の現物市場の Volatility と Liquidity の状況について」『証券』, 1991年4月号, 6-27ページ。
──「東証市場の流動性の計測─NYSE の尺度の場合」『JAFEE 2000年夏季大会予稿集』, 2000年6月, 43-51ページ

[謝辞] 本研究にあたり片山隆男先生（大阪商業大学），杉江雅彦先生（同志社大学），神木良三先生（大阪商業大学）をはじめとする研究会メンバーより有益なコメントを頂戴したことを記して感謝します。もちろん，ありうべき誤りはすべて筆者に帰属します。

第3章 消費者金融債権の証券化について
──第3の資金調達手段として──

はじめに

　わが国の消費者金融業界は，消費者向け信用市場の拡大とともに低い調達金利水準が続いていることを追い風として，順調な成長を遂げてきた。しかしながら，貸出上限金利の引下げやクレジット会社によるカード・キャッシングの拡大，銀行系消費者金融会社の新規参入などにより，業界を超えた提携・再編も相次ぐなど既存の消費者金融会社の経営環境は近年大きく変化してきている。その中で，これまでのような安定した利鞘確保が難しくなっている消費者金融会社においては，必要な資金調達をできるだけ有利に低コストで行うことが，経営の安定を図る上で重要なポイントの1つとなろう。

　その一方，90年代以降関連法の整備が進んだことなどから，金融機関や一般企業の間で資産の証券化が資金調達手段として広く認知されるようになっている。証券化は，従来の企業の信用力を判断基準とする調達方法とは違い，証券化対象となる資産の信用力を基準に資金調達を行う方法であるため，より有利な調達を可能にするかもしれない新しい資金調達手段として様々な企業が活用を始めている。こうした動きを背景に，消費者金融会社の間でも一部ではあるが，消費者金融債権の証券化を利用して資金を調達する業者も出てきている。貸付債権の証券化では，標準化された契約に基づく小口の類似債権を大量にプールするほど全体のリスクが分散できるといわれており，消費者金融債権はこの要件を満たす小口債権の1つといえよう。[1]

　本章では，消費者金融会社における証券化を利用した資金調達の可能性を確

164　第Ⅱ部　消費者金融会社の今日

図Ⅱ-3-1　日本の証券化商品発行額

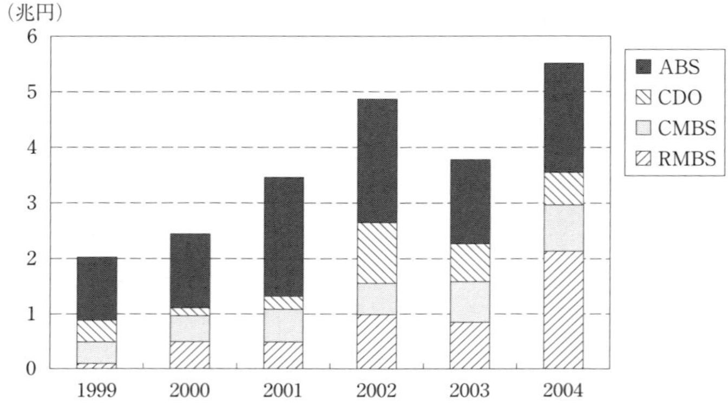

（注）　CDO は Collateralized Debt Obligation, CMBS は Commercial Mortgage Backed Securities, RMBS は Residential Mortgage Backed Securities の略。
（出所）　フィッチレーティングス「日本：2004年の回顧と2005年の展望」（http://www.fitchratings.com）2005年1月。

認した上で，銀行借入や社債発行といった従来の調達手段に加わる第3の資金調達手段として，証券化が活用されていくための課題について検討を加えるものである。

1　貸付債権の証券化

1-1　証券化の意義

資産の証券化とは，企業や金融機関等が保有する資産をバランスシートから切り離して，その資産が将来生み出すキャッシュフローを支払金の原資に充てる金融商品を発行，投資家に販売して資金を調達することである。このような仕組みで発行される金融商品の1つを資産担保証券（Asset Backed Securities：以下 ABS）という。

わが国における資産の証券化は，1990年代後半以降，証券化関連の法律が整備されたことを弾みとして増加してきている。新しい資金調達手段としての期待に加え，金融機関や企業等が保有する資産のオフバランス・ニーズや資産を

図Ⅱ-3-2 証券化資産別構成

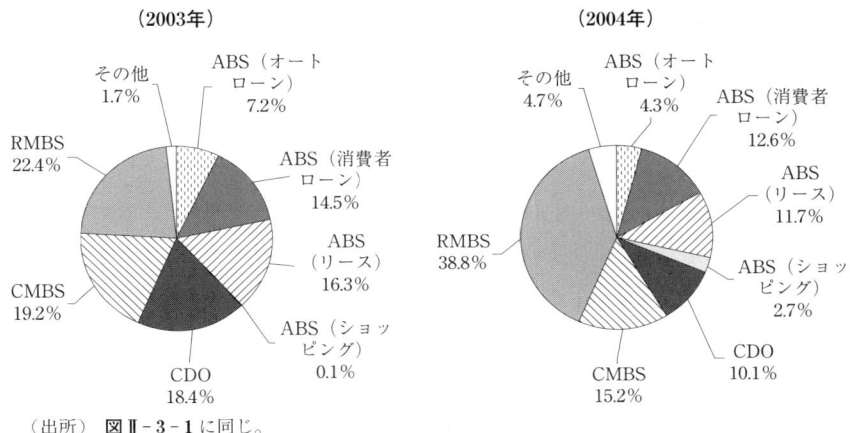

（2003年）
- その他 1.7%
- ABS（オートローン）7.2%
- ABS（消費者ローン）14.5%
- ABS（リース）16.3%
- ABS（ショッピング）0.1%
- CDO 18.4%
- CMBS 19.2%
- RMBS 22.4%

（2004年）
- その他 4.7%
- ABS（オートローン）4.3%
- ABS（消費者ローン）12.6%
- ABS（リース）11.7%
- ABS（ショッピング）2.7%
- CDO 10.1%
- CMBS 15.2%
- RMBS 38.8%

（出所）図Ⅱ-3-1に同じ。

保有することによって抱えることになる様々なリスクのコントロール・ニーズが高まっていること，さらには欧米において証券化がそうしたニーズに応える手法として定着したことなどから，近年の関心の高まりにつながっているといえよう。取引が拡大するにつれて，当初多かったリース・クレジット債権から住宅ローン債権や商業用不動産ローン債権，売掛債権など，証券化の対象となる資産も多様化が進んでいる。

　証券化が資金調達手段として定着している米国では，70年代に公的支払い保証が付いた住宅ローン担保証券（Mortgage Backed Securities：MBS）が登場したことを契機として，その他のABS市場が急拡大したといわれている。わが国では，2006年度末までの独立行政法人化に備えて住宅金融公庫がすでに住宅ローンの証券化業務に進出している。証券化取引に対するニーズの高まりとともに公的MBS市場の発達を牽引役として，わが国での証券化市場の拡大が期待されているところである。

図Ⅱ-3-3　証券化の仕組み

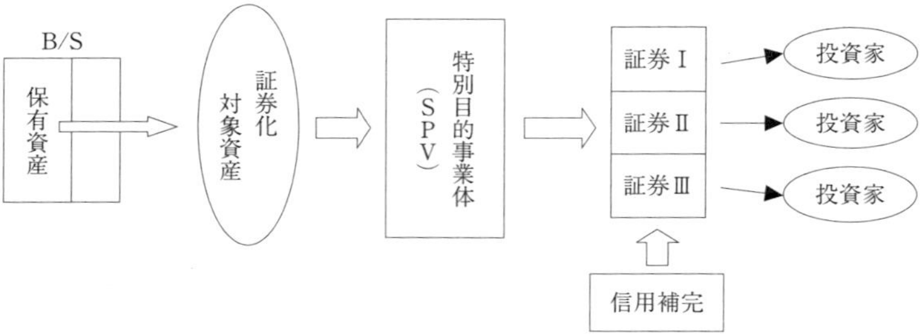

（出所）　大橋和彦『証券化の知識』日本経済新聞社，2001年に加筆修正。

1-2　証券化の仕組み

①証券化スキーム

　証券化の基本的スキームでは，当初資産を保有する企業（オリジネーター）が，SPC（Special Purpose Company, 特別目的会社）や信託，匿名組合といった証券化ビークル（Special Purpose Vehicle：SPV, 特別目的事業体）に証券化の対象となる原債権をプールして譲渡することに始まる。SPVは譲り受けた原債権プールから発生するキャッシュフローを裏付けとするABSを発行し，資金調達を行うのである。[2]

　譲渡の過程で原債権はオリジネーターのバランスシートから切り離されるが，この時オリジネーターが将来倒産したとしても原債権がその影響を受けないような措置（倒産隔離）を講じておくことが重要である。また，原債権からの元利回収金がABSの支払原資となるため，資金回収・管理能力のあるサービサー（またはバックアップサービサー）が選定されることも必要である。証券化が成功するためには，この倒産隔離と質の高いサービシングが確保できるか，そして様々な仕組みをスキームに組み込むことでどれだけ信用の高いABSを作れるかがカギとなる。

②信用補完の方法

　信用補完とは，発行されるABSの元本償還や利息の支払い面での信用リスクを抑制してABS自体の格付けを高め，調達コストをできるだけ低減するために必須の仕組みである。住宅ローンの証券化商品である公的なMBSとは異

なり，消費者金融債権を含む一般の貸付債権の場合には信用リスクに対する政府保証が付かない。このため，貸付債権を証券化するにあたっては信用補完のための様々な工夫が仕組まれることになる。

(a)第三者による保証

　ABSの全額または一部の元利金支払いについて，高い格付けを持つ外部の第三者からの保証を取り付けるものである。原債権の一部が債務不履行となり，発行したABSの支払金に不足が生じた際には，この第三者保証機関から補塡を受けて支払いを行うため，ABSの信用リスクを軽減することができるという仕組みである。この場合，信用補完役である第三者が破綻してしまえば支払保証が事実上継続できなくなる他，保証機関自体の経営が悪化し格下げされればABS自体も格下げされることになる。このため，より格付けの高い第三者からの保証を受けることがABSの信用を高めるために重要なポイントである。

　一般的には銀行や保険会社が主な保証機関となるが，わが国で証券化取引が注目されるようになった90年代はこれら金融機関自身の経営状態が厳しく，格下げされたところも多かったことから，第三者保証のみではなく後述する優先・劣後構造などの信用補完ツールを組み合わせて仕組むことが多い。[3]

(b)優先・劣後構造

　原債権から発生するキャッシュフローを分解し異なる証券の支払いに充てて，信用リスクをコントロールするもので，信用補完の方法としては最もよく利用されている。具体的には，元利金支払いが優先的に行われる部分と劣位にある部分と支払いの優先順位が異なる複数の証券を発行するものである。万一，原債権に延滞や貸倒れ等が発生した際の支払いは優先証券から先に行われ，劣後証券の支払いは優先証券の返済完了後でなければ行われない。つまり，劣後証券を信用補完ツールとして優先順位が高い部分の信用リスクを低減させ，より高い格付けを持つ証券に仕組むことができるのである。

(c)超過担保

　証券化する原債権プールの総額よりも少ない金額のABSを発行し，その差額を担保として維持するものである。原債権から発生するキャッシュフローのうちABSの利息支払い後に余る残金は現金準備としてSPV内に留保され，

予想以上に原債権の債務不履行等が生じて支払い金に不足が生じた際には、この現金準備から元利金の支払いが行われる。一種の支払い担保を設定することによりABSの格付けを高める仕組みである。

1-3 証券化のメリット
①リスクコントロールと調達コストの低減
　証券化は、オリジネーターにとって調達コストの低減を図ることができる新たな資金調達手段となる。消費者金融債権など多数の小口債権をプールして1つの集合体にまとめることで、個々の債権の信用リスクはそれほど高くなくても、大数の法則が働き全体のリスクは低減され安定したものになる。その上、過去の回収・貸倒れデータに基づき原債権プールのデフォルト率を予測することができるため、これに信用補完の仕組みを利用することでもともとの債権が持っているリスクがコントロールされ、信用度の高い証券に仕組むことができる。裏付けとなる原債権からの元利金の支払い可能性がABSの格付けを決定するため、この手法によって相対的に格付けの高いABSが発行できれば、オリジネーター自身の信用力に左右されないより低利での調達も可能である。知名度が低く信用力に劣る企業であっても、同様に調達面での不利さをカバーする手段として期待できよう。

②資産効率の改善
　証券化の際、オリジネーターは保有債権をバランスシートから切り離し（オフバランス）売却することになるため、資産総額が圧縮されROE（株主資本利益率）やROA（総資産利益率）といった財務指標が改善する効果が得られる。BIS規制が課せられている銀行等では、算定時に対象となるリスク資産の削減により自己資本比率を向上させることもできる。また、財務内容が改善されればオリジネーター自身の信用力を高めることにもなり、証券化以外の調達手段においてもコスト削減できる可能性が出てくる。オリジネーターにとって、証券化は資産ポートフォリオを再構築し、資産効率を高めるためにも利用できる魅力的な手段といえるだろう。

③手数料収入の獲得

オリジネーターは，貸付債権を譲渡した後も原債務者からの資金回収業務を引き続き行う場合が多い。これによってサービサーとしての回収手数料を受け取ることができるのである。証券化取引を無事に満了させるためには，原債権がSPVに譲渡された後も債権や債務者のモニタリングを継続し，信用維持を図ることが重要である。貸付を実行し，債権の管理・回収を行ってきたノウハウを証券化後も活かせるという点でも，オリジネーターがサービサー業務を引き受けるというのは効率的なことであるといえよう。

この他，証券化スキームを組成する金融機関，ABSの信用補完を担う保証会社や格付機関，ABSを投資家に販売する証券会社等，取引に係わるオリジネーター以外の主体にとっても，証券化は新たな手数料収入が得られるビジネスチャンスとなる。

④金融商品としての魅力

証券化は，投資対象として取引する側の投資家にとってもメリットがある。証券化商品は，ABS等に仕組まれる過程でリスクがコントロールされ証券が持つリスク特性も明確にされている。したがって，様々な特性を持つ商品群の中から投資家自身の運用ニーズに合った投資対象を選択できるということになる。また，従来の投資対象とは異なるリスク・リターン特性を持つことから，既存のものに加え証券化商品を新たに組み入れることでポートフォリオの多様化を図ることが可能であり，運用ポートフォリオ全体のリスク分散効果も期待できる。

さらに，現時点でABSはその他の債券と異なり市場が未成熟であることもあり，同格付けの債券に比べてスプレッドが拡大しやすい傾向がある。信用補完等の仕組みによってリスクがある程度限定されているにも拘らず，比較的高い利回りを享受できるという点でリターンの面でも，メリットがある商品といえるだろう。

2　消費者金融会社と証券化

2-1　消費者金融会社の資金調達

　わが国における消費者向け無担保信用（以下，消費者ローン）の供与額は，日本クレジット産業協会によれば2002年度末で24.4兆円，同供与残高は35.2兆円に上る。このうち消費者金融を専業とする，いわゆる消費者金融会社の信用供与額はおよそ10.1兆円，同残高で10.2兆円となっている[4]。販売信用を主とする銀行系・流通系クレジット会社によるカード・キャッシングの拡大や，銀行系消費者金融会社の参入などにより，消費者ローン市場における競合が激しくなってきてはいるものの，既存の消費者金融会社は依然として大きなシェアを確保している。

　一方，金融庁によれば，2002年3月末時で6,218社ある消費者向け無担保貸金業者のうち，貸付残高500億円以上を有する大手業者数は24社，それ以外の業者数が6,194社となっており，99％以上がいわゆる中堅・中小規模の業者で構成されている。このうち，業界最大手の武富士，アコム，アイフル，プロミスの4社では1社あたりの総貸付残高が1兆円以上に達しており，上位4社だけで消費者ローン市場の5割以上，上位10社ではおよそ8割を占有していることになる[5]。このように，消費者金融業界は大手業者の市場占有率が非常に高く，残りの小さなパイの中に数多くの中堅・中小業者がひしめき合っている点が特徴である。

　これら消費者金融会社の資金調達先としては，銀行を中心とした金融機関等からの借入が主流となっている。大手業者においては規制緩和が進む中で，安定した資金調達のために調達手段の多様化が図られているが，最大手4社に業界第8位の三洋信販を加えた大手業者計5社の資金調達状況（表Ⅱ-3-1）をみても，調達資金の概ね6～7割以上は金融機関等からの間接金融を通じたものである[6]。借入以外の調達手段としては，99年5月にノンバンク社債法（金融業者の貸付業務のための社債の発行等に関する法律）が施行され，貸付資金の調達を目的とした金融業者のCPや社債の発行が可能になった。

第3章 消費者金融債権の証券化について

表Ⅱ-3-1 各社資金調達状況（2004年3月期）
（単位：億円）

		武富士		アコム		プロミス	
間接調達		597,825	61.6%	951,210	75.5%	666,632	68.6%
直接調達		372,934	38.4%	308,880	24.5%	305,000	31.4%
	CP	—	—	—	—	—	—
	社債	372,934	38.4%	285,000	22.6%	305,000	31.4%
	その他	—	—	23,880	1.9%	—	—
	債権流動化	—	—	—	—	—	—
合　計		970,759	100.0%	1,260,090	100.0%	971,632	100.0%
平均調達金利			2.16%		1.96%		1.76%
		アイフル		三洋信販		クレディア	
間接調達		759,681	59.2%	163,695	58.5%	52,623	60.7%
直接調達		524,047	40.8%	116,100	41.5%	34,083	39.3%
	CP	—	—	—	—	2,000	—
	社債	445,000	34.7%	41,100	14.7%	21,000	24.2%
	その他	—	—	—	—	—	—
	債権流動化	79,047	6.2%	75,000	26.8%	11,083	12.8%
合　計		1,283,728	100.0%	279,795	100.0%	86,706	100.0%
平均調達金利			1.87%		1.57%		2.38%※

※　間接調達の平均金利。直接調達の平均金利は2.33％（債権流動化分を除く）。
（注）　クレディアは連結ベース、その他5社は単体ベース。
（資料）　各社の決算資料より作成。

　これにより消費者金融会社においても，市場から直接資金を調達することができるようになり，施行の翌2000年における消費者金融会社の社債発行額は4200億円，国内発行総額の4.7％[7]を占めるほどであった。現在では，業者による違いはあるものの調達資金の2〜4割程度が市場を通じた直接調達となっている。消費者金融会社にとって，今やCP・社債発行は重要な資金調達手段の1つとなったとはいえるが，依然として間接金融への依存度は高い。特に，規模の小さな業者であればあるほど市場からの直接調達が難しく，借入依存度は高くなるといえる。
　ノンバンク社債法を利用した社債発行は発行条件が厳しく，実際には大手業

表Ⅱ-3-2　米・消費者金融会社の資金調達源（1996-2000年）

	金額（10億ドル）		伸び率（96-2000年）		構成比	
	1996	2000	累積	年平均	1996	2000
負　債	725.7	1,113.4	53.4%	11.3%	89.0%	88.4%
銀行借入	17.7	32.8	85.7%	16.7%	2.2%	2.6%
商業手形（CP）	169.6	224.3	32.3%	7.2%	20.8%	17.8%
親会社からの負債	56.3	95.1	68.9%	14.0%	6.9%	7.6%
上記外分類の負債	319.0	483.7	51.6%	11.0%	39.1%	38.4%
その他	163.2	277.5	70.1%	14.2%	20.0%	22.0%
資　本	89.7	145.7	62.4%	12.9%	11.0%	11.6%
合　計	815.4	1,259.0	54.4%	11.5%	100.0%	100.0%
証券化受益権	122.4	198.1	61.9%	12.8%	13.1%	13.6%
管理資産総額	937.8	1,457.1	55.4%	11.6%	100.0%	100.0%

（出所）　FRB, "Survey of Finance Companies, 2000," *Federal Reserve Bulletin*, January 2002, p. 8.

者や上位中堅業者にしか道が開かれていないのが現状である。同法では，特定金融会社としてあらかじめ登録を受けた金融業者以外の社債発行を認めていない。特定金融会社として認可を受けるには，資本額が10億円以上といった財産的基準や貸付業務の人員構成，経理状況等の情報開示に係わる基準などの様々な要件を満たさなければならず，規模の小さい中堅以下の小規模業者については，資本金などの基本要件さえ満たさない企業が多いことから，従来の間接金融に頼らざるをえないのである。また，仮に特定金融会社に登録されたとしても，大手業者に比べて市場での認知度や信用力が劣る中小の業者の場合，発行会社の格付けによっては社債発行コストが高くなってしまう。この点で，中小規模の業者と大手業者との調達力格差はより拡大しているといえる。

　一方，米国の消費者金融会社の資金調達状況をみると，FRB の "Survey of Finance Companies, 2000" によれば，社債発行による調達が3分の1以上を占めており，最も主要な調達源となっている。次いで多いのがCP発行となっており，市場を通じた資金調達が約6割を占めている。わが国の場合に主流となっている銀行借入の割合は，これとは対照的に3%未満と非常に少なく，関

係会社からの借入を含めても1割程度にとどまっている。社債やCPなど市場を通じた調達が多いのは，米国企業ではもともと直接金融を通じた調達が浸透していることがあろう。

　さらなる特徴としては，米国業者では貸付債権の証券化による調達が定着しているという点がある。証券化による調達は，96年から2000年において証券化された債権残高は年平均でおよそ13％の伸びをみせており，証券化資産を含めた管理債権総額に占める割合は約14％となっている。10大ファイナンスカンパニーの1つであるHSBC系列のHousehold International社は，証券化による資金調達は流動性確保の効果的な手段であり，その他の調達手段に比べてコスト面でも効率的であると述べている。[10]社債市場への過度の依存を緩和する目的でも利用されているようである。さらに，証券化の過程で，譲渡した債権残高に対する元利金回収（サービシング）等の手数料を受け取れることもインセンティブになると述べている。この他，同じ10大カンパニーのMBNA Corp.社では，2003年12月期に実行した貸付総額1098億ドルのうち7割以上に当たる816億ドルが証券化されている[11]など，米国業者の間では証券化が資金調達の重要な手段と位置付けられ，積極的に利用されているといえる。

2-2　証券化を利用した調達の可能性

　貸付債権の証券化は，企業が保有する貸付債権をSPVに譲渡し，SPVがその貸付債権を裏付けとした証券等を発行して資金調達するファイナンス手段である。証券化の過程を通じて，対象資産が抱える様々なリスクについてはコントロールすることができるため，もともと債権を保有するオリジネーター自身の格付けが低くても，証券化の対象となる資産の信用力が高ければ，より低い金利で市場から資金調達できることになる。これが，証券化が定着している欧米ばかりでなくわが国でも，従来のデッド・ファイナンス，エクイティ・ファイナンスに並ぶ新たなファイナンス手段として，証券化手法が近年注目を集めるようになった理由の1つである。

　わが国の消費者金融業界は，貸出上限金利の引下げや銀行系消費者金融会社等の新規参入など経営環境が大きく変化しつつある。その中で，一定の利鞘を

確保するために少しでも有利な資金調達手段を模索する必要に迫られている。資金調達面からみた証券化は，従来の資金調達手段と比べても有利な調達を可能にする手段である。特に，企業自身の信用力では社債発行ができなかった中堅以下の業者においても，保有する貸付債権の信用力や取引の仕組み方によっては，証券化は新たな資金調達の手段となりうるといえよう。

　前出の大手業者5社と中堅業者クレディアの2004年3月期の期中平均調達金利は1.6～2.4％と，現在の金利水準を受けて低金利での調達が実現できてはいるが，業者間で金利に格差が出ているのが分かる。また，2003年版の消費者金融白書によれば，総貸付残高5000億円以上の業者の場合，99年度の平均調達金利が2.6％であったのに対し，300～1000億円未満の業者では4.4％，100～300億円未満では5.0％[12]と業者の規模により金利格差は大幅に拡大する。

　このような資金調達面だけでなく，中堅・中小業者は顧客層の質という面で大手よりも不利な立場にあり，より高い貸出金利を設定することで利鞘を確保せざるをえない。しかし，2000年6月の出資法改正により貸出上限金利が年40.004％から29.2％へ引き下げられ，十分な利鞘の確保が難しくなっている。また，さらなる上限金利の引下げ案も検討されており，業者としては銀行借入以外の新たな資金調達ニーズは高まっていると思われる。こうした事情を鑑みれば，企業自身の信用力とは無関係での資金調達を可能にする証券化は，大手業者よりもむしろ，信用力に劣る中堅・中小業者にとってより効果的な手段といえるかもしれない。例えば，静岡県に本社を置く中堅消費者金融会社クレディアは，99年1月に上場企業としては初めて消費者金融債権の証券化を実施した。同社は，これ以降も積極的に証券化を活用した調達を行っている。

　一方，大手業者の中では三洋信販が2004年3月期中に資金調達総額の27％に当たる750億円を証券化で調達しているなど，一部の大手業者においては証券化を利用した資金調達が行われるようになってきている。しかし，全般的に大手業者は高い信用力と低調な金利水準を背景に，現時点においては直接・間接金融を通じて有利な資金調達が可能であり，急速に証券化を進めるインセンティブは大きくないと思われる。また，SPVへの債権譲渡に係わる手続など貸付債権を証券化する際に法的論点の問題が残ることも，現在のところ多くの大

手業者が積極的でない一因といえよう。

しかしながら，今後の経営環境の変化によっては，たとえ大手業者であっても資金調達が困難になる場合も考えられる。格付機関スタンダード＆プアーズでは，間接金融での調達比率が非常に高いわが国の消費者金融会社について，銀行の貸出態度いかんにより資金調達が大きく左右されやすいことを懸念材料とみており，ノンバンク社債法施行後に社債発行が増加した際には調達源の分散が図られたとして格付けのプラス要因として評価したとのことである[13]。資金調達の安定化と調達コストの抑制を図るべく調達手段を多様化させておくという点で，大手業者にとっても，証券化は検討しておくに値する調達手段といえるのではないだろうか。

3 消費者金融債権の証券化

3-1 証券化スキーム例

消費者金融債権の証券化は，その他の貸付債権の証券化と同様のスキームを通じて行われる。比較的多くみられる信託とSPCを併用した証券化スキームを例示すると次のようになる。まず，貸付を実行した消費者金融会社がオリジネーターとなり，多数の顧客に対する消費者金融債権（原債権）を1つにプールし信託銀行（受託者）に信託する。対象となる消費者金融債権はクレジットカード債権に類似しており，一定の与信枠内であれば顧客がいつでも借入可能かつ返済日や金額の変更も自由であるリボルビング型の債権である。オリジネーターによる新規の貸付実行と顧客からの返済が随時繰り返されていく性質のものであるため，信託されている対象債権の残高は貸付と返済の状況により大きく変動する。このため，その変動分を吸収する目的でSI（seller's interest）受益権が，信用補完目的で優先受益権に劣後するPI（purchaser's interest）受益権が設定される。

これらSI受益権とPI受益権はそのままオリジネーターが保有し，優先受益権のみが投資家受益権としてSPCに譲渡される。そして，譲渡された優先受益権を裏付けとしてSPCがABSを発行するのである。この時，過去のデ

図Ⅱ-3-4 証券化スキーム例

[消費者ローン債務者] — 元利金返済 → [オリジネーター兼サービサー（消費者金融会社）]
[バックアップサービサー]
[オリジネーター兼サービサー] — 信託受益権 → [SPC（特別目的会社）]
[SPC] — 受益権購入代金 → [オリジネーター兼サービサー]
[オリジネーター] — 債権の信託 元利回収金の支払い → [信託銀行（受託者）]
[信託銀行] — 信託受益権 → [オリジネーター]
[信託銀行] — 元利金支払い → [SPC]
[SPC] — 元利金支払い → [投資家]
[格付機関] → [SPC]
[SPC] — 証券発行 → [投資家]
[アレンジャー（引受会社）] → [SPC]

与信残高
- SI受益権（Seller's Interest）
- PI受益権（Purchaser's Interest）（劣後受益権）
　※オリジネーターが保有
- 証券化部分 → 投資家受益権（優先受益権）

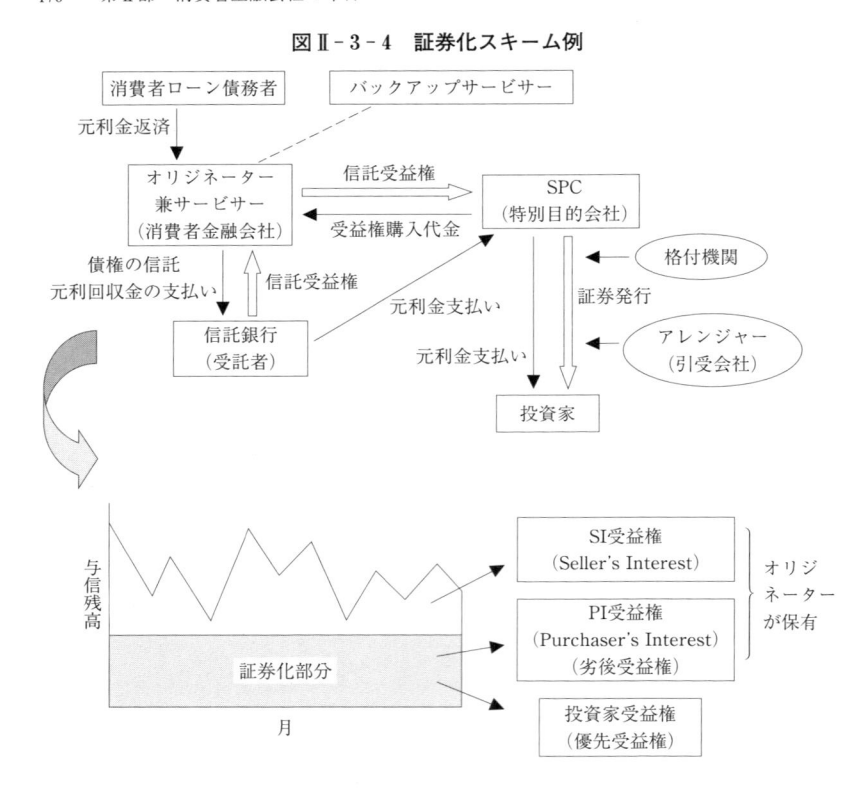

ータから貸付残高がそれ以下には減らない金額部分のみを投資家受益権として証券化し，残高が変動する部分は残りの金額部分（SI受益権）に対応させることで，投資家受益権を裏付けとするABSについては期中に元本償還が発生しないように仕組むのが一般的である。

　設定した満期が近づくと，原債権プールからの回収金をすべてABSへの支払いに回すことにより残高を減らしていく。万一，証券化期中に顧客からの返済が新規の貸付発生を予想以上に上回り，ABSを維持するために必要な最低金額を下回ってしまう場合には，劣後部分への支払いを停止し原債権からの元利回収金をすべてABSの期限前償還に充てることで，投資家受益権の残高を減らして対応することになる。さらに，原債権の貸倒率・延滞率が想定以上に

悪化するなど原債権プールのパフォーマンスが一定以下に低下した場合にも，ABSの早期償還を図る仕組みとなっている。[14]

3-2 証券化関連コストと収益

　証券化の対象となる貸付債権を最終的に証券化し，有効に資金調達を果たすまでには様々なコストがかかる。主要な証券化コストとしては，証券化スキームを構築し維持するコストの他，SPVの設立・運営や信用補完，格付取得，システム構築にかかるコスト等があり，その上で普通社債の場合と同様の社債発行コストが発生する。オリジネーターとしては，これら証券化に係わるコストに見合うメリットが得られるかが証券化実行のカギとなると思われる。

　米国消費者金融会社の一般的な案件では，原債権プールから発生するキャッシュフローのうち，ABSのクーポン支払い分，貸倒れ発生時の補填分，信用補完のためのリザーブ分に加え，その他証券化に係わるコストや引受手数料等の証券発行コスト等を差し引いても，残余のキャッシュフローがある場合が多い。これにサービサーとしての手数料収入を加えて証券化による収益を確保できているようである。[15]

　特に，信用補完策としてオリジネーターが保有する劣後証券に対しては，元利回収金が優先証券へ優先的に充当された後で支払いが行われることになっている。このため，劣後証券部分は最も償還の可能性が低く，格付けも付かないハイリスク証券である。しかし，結果的に想定したほど貸倒れが発生しなかった場合や貸倒れは発生したものの最終的な回収額が計画を上回った場合には，貸倒れ発生時に備えて引き当てておいた部分が追加的な収益となり，劣後証券の保有者に配当として支払われることになる。[16]

　ただし，この追加収益は必ず発生するというものではなく，予想外に原債権のパフォーマンスが悪化しABSの早期償還が行われたりした場合には，逆に損失として発生することになる。しかし，オリジネーターにとってこの追加収益部分が証券化関連の大きな収益の1つとなっていることは確かであろう。このため，引き続き回収業務を行うオリジネーターにおいては，サービサーとして原債権の徹底した信用管理や回収を行い原債権プールのパフォーマンスを維

持することにより，追加収益を最大化しようとの強いインセンティブも働くことになる。[17]

4 調達手段として定着するための課題

4-1 投資家層の拡大

前述したように，証券化取引では信用補完のツールにより裏付けとなる貸付債権のリスクの大きさによってシニア債，メザニン債，エクイティ債といった複数の構造に分割することで，発行されるABSの優先部分の格付けを高めることができる。その分，全体のリスクが集中する劣後部分のリスクは相応に高くなるといえる。直接市場を通じた取引が行われる中でリスクテイクの概念が定着し，多様なリスクを引き受ける様々な投資家が存在している欧米と違い，わが国の場合はこの劣後部分を引き受ける投資家層が非常に薄いといわざるをえない。このため，シニア債やメザニン債等の高い格付けが付与され優先順位の高い証券は投資家に売却するものの，エクイティ債等の劣後部分はオリジネーターが引き受けることを前提に証券化案件が仕組まれる場合が多い。結果的に劣後部分にリスクが発生せず，オリジネーターにとって高い収益をもたらす源泉となっていることも事実ではあるが，これではオリジネーターの保有する資産が抱えるリスクを細分化し，他者に移転するという意味での厳密なリスク分散が実現できているとはいえない。

適当な信用補完が行われた貸付債権の証券化商品への投資は，投資家にとっても投資対象の多様化・分散という点で魅力的なはずである。消費者金融債権を裏付けとした証券化商品への投資については，わが国では消費者金融業へのイメージから投資家が慎重になる傾向があるものの，在日の外銀などでは限定されたリスクで比較的高いリターンが望める投資対象であるとして，徐々にではあるが市場に浸透してきたようである。現在，消費者金融債権のABSのみならず，その他多くの証券化商品は私募発行により一部の金融機関や機関投資家が投資している。このような証券化を利用した調達が拡大していくには，劣後部分も含め大小様々なリスクの引受者となる幅広い機関投資家の育成がより

一層求められよう。

　なお，投資家層の拡大という点では，個人投資家の資金を証券化市場に呼び込むことも重要であろうが，家計においては間接金融を通じた貯蓄重視の考え方が依然根強い。金融ビッグバン以降は貯蓄から投資への移行・促進策が採られているとはいえ，一般的な証券取引についてでさえ欧米に比べればその関心・関与ともにまだ低い状態である。その中で，通常商品よりも商品特性や仕組みが複雑で，より深い金融知識を要求されるABS等の証券化商品を個人投資家がいきなり直接購入することには難しい部分も多い。現時点では，投資信託等による間接的な形での投資促進が適していると思われる。

4-2 市場インフラの整備・拡充

　こうした投資家の市場参入を促し取引を活発化させるためには，証券化商品の適切な価格設定がなされる仕組みが整備されることが重要である。まずは，価格設定に必要とされる貸付債権のデフォルト率や延滞率，期限前返済等の関連データの蓄積と分析が求められる。また，証券化商品のリスク特性や証券化後の原債権プールの返済状況等も含めた様々な情報を集積するとともに，適正な情報を適宜開示していくことにより証券化市場の透明性を向上させることが望まれるだろう。オリジネーターだけでなく，証券化に係わるアレンジャーや格付け機関，仲介業者等の努力も不可欠であると思われる。

　さらに，証券化商品の流動性が促進されることも重要である。その他の証券市場でもいわれることであるが，流通市場で売買取引が安定的に行われるようになれば商品の流動性は高まり，投資家は売買のタイミングを逃すことなく取引を行うことができるようになる。流動性の高い厚みのある流通市場であるほどより多くの投資家が集まり，活発な取引を通じて取引価格は公正な価格へと収斂していくのである。また，新規に発行される証券化商品が発行市場で円滑に消化されるための支えにもなるのである。適正な情報開示ルールの他，投資家の利便性やコストに配慮した取引ルール等，流動性を促し適正な価格設定がなされるための市場インフラの整備・拡充を図ることが，証券化を市場に定着させるための重要な要素といえるだろう。

この他，消費者金融債権の証券化が活性化するための障害として与信・債権管理システムがあるといわれている。[18]大手業者におけるシステムは整備されているとしても，特に証券化ニーズが大きいと思われる中堅以下の業者については，システムが未整備なところが多いのが現状である。前述したように，システムが整備されている大手業者については，現時点では銀行借入やCP・社債発行等で十分な資金調達が可能であることから，証券化ニーズはそれほど高くないといえる。しかし，今後も従来の資金調達手段で賄えるとは限らない上，いざ証券化を利用する時点で対処するのでは遅いということもあろう。早い段階からの大手業者の積極的関与により，消費者金融債権の証券化のためのインフラ整備が牽引されていくことが求められよう。

4-3 消費者金融業者に係わる法的制約への対応

貸付債権の譲渡に係わる法的な制約は，90年代以降の証券化関連法の整備・改正により相当に改善されてきている。しかし，消費者金融業者の関連法である貸金業規制法（以下，貸金業法）や出資法においては，消費者金融債権を証券化するにあたって，不明瞭な部分が依然として多く残されている。貸金業法上の債権譲渡時における通知義務や，出資法上の貸付上限金利と利息制限法上の上限金利との格差である，いわゆるグレーゾーン金利の存在が，消費者金融債権を裏付けとしたABSの潜在的なリスクとして残るのである。これらの問題が，消費者金融業者において証券化が第3の調達手段として定着するための最大の課題といえる。

①貸金業法上の譲渡通知義務

貸金業法第24条第2項では，貸金業者が保有する貸付債権を第三者に譲渡する場合に，債務者に対して同法第17条に規定する契約書面をもってその旨を通知するよう義務付けている。しかし，証券化時には数千，数万人に及ぶ債務者に対する原債権をプールして譲渡することになるため，書面交付による譲渡通知には多大な負担を要することになる。これらの実務的負担は証券化のコストに転嫁され，消費者金融債権を効率的に証券化するにあたっての障害になると考えられる。

通常の証券化取引では，設定当初および追加で貸付債権を信託譲渡する時点では17条書面の交付が留保され，オリジネーターが倒産してサービサーが交代するなど一定の事由が生じた時に譲渡通知を行うような仕組みをとっている[19]。これは，証券化対象となる貸付債権の元利金回収を行うサービサーはオリジネーターが兼任する場合がほとんどであり，法律上は貸付債権が譲渡されたとしても，債務者にとっての状態はその譲渡前後で変わりがなく，証券化当初に通知しなくとも債務者に不利益は生じないとの法解釈からきているものである。同法第24条第2項の通知義務はもともと，債務者本人が知らぬままに回収権限を持つ者が変更されることにより，突然当初の条件と異なる請求や不正な取立てを受けることで債務者が不利益を被ること防ぐために策定された規制であるとして，実質的な回収者がオリジネーターのままである間は通知義務を留保しうるとの考え方[20]が，各論者の間にも定着してきたことが背景にある[21]。

②グレーゾーン金利におけるみなし弁済規定

消費者金融業界においては，利息制限法（年20％を最高限度）と出資法（年29.2％）の上限金利との格差，いわゆるグレーゾーン金利が存在し，混乱を招いてきた。この問題に対応すべく規定されたのが，「貸金業法第17条・18条書面が債務者に交付され，かつ債務者が利息として任意に支払ったのであれば，利息制限法の上限金利を超える超過利息について有効な利息の弁済としてみなされる」とする貸金業法第43条規定である。このみなし弁済規定の存在が，消費者金融債権を証券化するにあたって，対象債権のキャッシュフロー分析やABS自体のリスクとして残ることになる。

「利息として任意に支払った」というための要件を満たすためには，貸金業法第17条（契約書面），18条（受取書面）で求められている事項を記載した書面を，債務者に対して「その都度，直ちに」交付する必要がある。しかし，対面取引ばかりでなくネット取引を通じた契約やATMからの貸付・返済が増える中で，実務的に同法が規定する正確な書面交付に応じきれないといった問題も出てきている。

しかし，判例では17条・18条書面について掲載されるべき条項について漏れなく，遅滞なく交付された場合にしかみなし弁済を認めないとする解釈が定着

しつつあり，訴訟になれば業者側に厳しい結果となる可能性が高い。みなし弁済が認められないことになれば，受け取りすぎた利息の返済義務が発生するため，原債権プールから生じるキャッシュフローが予定額に達せず，ABSの支払いができなくなる可能性が出てくる。

しかし，現時点ではグレーゾーン金利の法的問題を解消するのは難しく，証券化スキームの中でこのみなし弁済のリスクを極小化する手段を講じることで対応せざるをえないようである。一般的な貸付債権のスキームよりも多大な超過担保を設定したり，実際の貸付金利ではなく利息制限法の上限金利で条件設定しスキームを組むなどして信用補完する場合や，訴訟となり返済義務が生じる可能性が出てくれば早期償還を開始するなどの条項をあらかじめ設定しておく場合が多いといわれている。

貸金業界特有の，書面による譲渡通知義務とみなし弁済の法的問題は，消費者金融債権の証券化が拡大していくためには，大きな阻害要因であることは間違いない。現時点では，法解釈による対応と相応の信用補完により消費者金融債権の証券化が行われているが，債務者を保護するこれらの規制を維持する一方で，証券化取引に対するニーズに応え市場の拡大を促していくには，このまま曖昧な法解釈による対応を続けていくだけでは限界があるように思われる。今後は，貸金業法の改正あるいは消費者金融業法のような専門業法の制定を検討していく必要もあるのではないだろうか。

おわりに

消費者金融会社の経営環境が大きく変わる中で，業者が一定の利鞘を獲得し生き残っていくためには，少しでも有利な資金調達手段を利用し安定した調達を維持する必要に迫られている。さらに，業者の収益を左右する出資法の上限金利については，2000年改正法に盛り込まれた「施行3年後の見直し」時期にあたる2003年時はさらなる金利引下げは見送られたものの，改めて「3年を目途に検討を行い必要な見直しを行う」との規定がなされており，不安定な要素が残っている状態である。仮に，将来金利引下げが実施されれば，消費者金融

会社においては経営上相当のインパクトを被ることになろう。このような中で，消費者金融債権の証券化による資金調達ニーズは，今後高まりこそすれ低くなることはないと思われる。銀行借入や社債発行等に次ぐ第3の資金調達手段として，消費者金融会社において証券化が真に定着していくために，市場インフラの整備といった一般貸付債権の証券化に共通の課題にとどまらず，業界特有の法的不安定さをどう処理し改善していくのか，業法改正あるいは新法制定も含めた法環境の整備が求められるだろう。

最後に，特に調達手段としてのニーズが高いと考えられる中堅・中小規模の業者については，証券化が定着するためのインフラや法的整備が進んだとしても，クリアできない問題が残るように思われる。前述したように，証券化による調達には一定のコストがかかる。このため，コストをできるだけ低減し，かつコストに見合う調達メリットを享受するには，ある程度大きな債権プールを用意して一定額以上の資金を調達することが必要である。また，単に数多くの債権をプールするだけでなく，地域面でも顧客属性の面でも多様な原債権をプールした方が，効果的に全体のリスク分散を図ることができる。こうした点を鑑みれば，中小の消費者金融会社の場合は単独で証券化するよりも，複数の中小業者が保有する債権をプールし合い共同して証券化スキームを組む方が効率的といえるかもしれない。

複数企業の社債や貸付を裏付けに発行される資産担保証券をCBO（Collateralized Bond Obligation），CLO（Collateralized Loan Obligation）という。これらは，中小企業の資金調達を支援すべく東京都が中心となり組成されたCLOで話題となり，中小企業向けの新しい資金調達手段として近年注目されてきている証券化スキームの一種である。このCBOやCLOのスキームを中堅以下の消費者金融会社においても応用し，各社の消費者金融債権を組み合わせて組成した債権プールを裏付けに証券を発行することも可能なのではないだろうか。この点に関しては，市場インフラや法的整備の行方を追うとともに，今後の検討課題としたい。

▶注

1) 大垣尚司『ストラクチャードファイナンス入門』日本経済新聞社，2002年，14ページ。
2) 信託受益権が発行される場合もある。
3) 金融法学会シンポジウム「資産流動化・証券化の実態と法理」『金融法研究・資料編(17)』2003年3月，8-16ページ。
4) 担保付きローンも含めた消費者金融としての供与額は36.4兆円に達している。日本クレジット産業協会『日本の消費者信用統計　平成16年版』。
5) 消費者金融連絡会『TAPALS白書2003年版』1-5ページ。
6) 同上，5ページ。2003年3月末時での営業貸付金残高ランキング（『日経金融新聞』2003年6月10日）による。上場企業で財務情報を公開している業者では，プロミスに次いで第5位。
7) 大槻奈那「格付機関からみた消費者金融業界」片岡義広・山本真司監修『消費者ビジネスの研究』ビーケイシー，2001年，74ページ。
8) 同法による認可を受けた業者は現在76社。消費者金融連絡会，前掲書，24ページ。
9) 同報告は4年ごとに集計・報告されており，次回2004年版については来年以降に公表されると思われる。Federal Reserve Board, "Survey of Finance Companies, 2000," *Federal Reserve Bulletin*, January 2002, pp. 1-14.
10) SEC Form 10-Q, "Household Finance Corporation Consolidated Financial Statements, the First Quarterly 2004," pp. 23-24.
11) MBNA Corporation, *MBNA Reports Record Earnings for the Fourth Quarter*, January 2004, p. 24.
12) 消費者金融連絡会，前掲書，23ページ。
13) 大槻，前掲論文，74-75ページ。
14) こうした点は，クレジットカード債権の証券化と類似している。この他，オリジネーターの経営悪化や破綻が起きた場合にも，早期償還が開始される。大垣，前掲書，10-13ページ，大嶋正道「カード債権流動化スキームの概要と法的問題点」『債権管理』2002年7月5日号，48-50ページ，鈴木大洋「クレジットカード産業における証券化の功罪」『*Japan Research Review*』2004年2月，63-65ページ。
15) MBNA Corporation, *op. cit.*, p. 26, MBNA Corporation News-release, 2004.7.22, 内山隆太郎「貸付債権の流動化」片岡義広・山本真司監修『消費者ビジネスの研究』ビーケイシー，2001年，185-186ページ。

16) 北見良嗣「米国におけるサービサーの実態」『金融法務事情』1998年12月5日号，13-14ページ，大澤和人「サービシング，証券化と個人信用情報保護」『消費者金融サービス研究学会年報』2002年，40-41ページ。
17) 大澤，前掲論文，40-41ページ。
18) 赤井厚雄「わが国証券化商品市場の現段階」証券経済学会第60回大会，2003年11月。
19) この方式をサイレント方式という。サービサーの破綻等の一定の事由が発生して譲渡通知が必要になった場合にかかるコストについては，キャッシュ・リザーブ部分で賄えるような対応策が採られる場合が多い。雨宮秀雄「消費者金融債権の証券化の実務」消費者金融サービス研究学会・西部部会，2004年1月24日。
20) 債権の譲受人に対しても，当初の債権者である譲渡人と同様に取立等の行為を行うことが義務付けられる。
21) 貸付債権の譲渡が担保として行われただけで，かつ担保権が実行されるまでは譲渡担保権者が新しい債権者とはならないのであれば，譲渡時点での通知義務は留保できると解釈されている。同法解釈の詳細については，大嶋，前掲論文，52-53ページ，今野裕之「貸金債権の証券化と貸金業法上の問題点――書面交付義務を中心として――」『NBL』710号，15ページ，田中幸弘「貸金債権の証券化をめぐる法的問題と今後の貸金業関係の法改正の可能性について」片岡義広・山本真司監修『消費者信用ビジネスの研究』ビーケイシー，2001年，196-201ページなどを参照のこと。

▶ 参考文献

大垣尚司『ストラクチャードファイナンス入門』日本経済新聞社，2002年。

大橋和彦『証券化の知識』日本経済新聞社，2001年。

今野裕之「貸金債権の証券化と貸金業法上の問題点――書面交付義務を中心として――」NBL, 710号（2001年4月）。

内山隆太郎「貸付債権の流動化」片岡義広・山本真司監修『消費者ビジネスの研究』ビーケイシー，2001年。

大澤和人「サービシング，証券化と個人信用情報保護」『消費者金融サービス研究学会年報』2002年。

大嶋正道「カード債権流動化スキームの概要と法的問題点」『債権管理』2002年7月5日号。

大槻奈那「格付機関からみた消費者金融業界」片岡義広・山本真司監修『消費者ビジネスの研究』ビーケイシー，2001年。

片岡義広「出資法と証券化をめぐる諸問題（上・下）」『商事法務』No. 1381/1382（1995年2月/3月）。

北見良嗣「米国におけるサービサーの実態」『金融法務事情』1998年12月5日号。

鈴木大洋「クレジットカード産業における証券化の功罪」『Japan Research Review』2004年2月。

田中幸弘「貸金債権の証券化をめぐる法的問題と今後の貸金業関係の法改正の可能性について」片岡義広・山本真司監修『消費者信用ビジネスの研究』ビーケイシー，2001年。

深浦厚之「ノンバンクの資金調達」『クレジット研究』第23号（2000年3月）。

金融法学会シンポジウム「資産流動化・証券化の実態と法理」『金融法研究・資料編(17)』2003年3月。

赤井厚雄「わが国証券化商品市場の現段階」証券経済学会第60回大会，2003年11月。

雨宮秀雄「消費者金融債権の証券化の実務」消費者金融サービス研究学会・西部部会，2004年1月。

日本クレジット産業協会『日本の消費者信用統計　平成16年版』（www.jccia.or.jp）2004年。

消費者金融連絡会『TAPALS白書2003年版』（www.tapals.com）2004年。

Federal Reserve Board, "Survey of Finance Companies, 2000," *Federal Reserve Bulletin*, January 2002.

SEC Form 10-Q, "Household Finance Corporation Consolidated Financial Statements, the First. Quarterly 2004."

MBNA Corporation, "MBNA Reports Record Earnings for the Fourth Quarter," January 2004.

お わ り に

　研究テーマを庶民金融論に設定した私達6人のメンバーは，消費者金融サービス研究学会による研究助成を受けて以来，随時，研究会を開いて各人の報告を発表してきた。その間，中泉康人氏が新たにメンバーに加わり，研究の幅が一段と広がった。

　いつの頃からか，折角こうして研究を進めてきたのだから，研究助成を受けた者の義務として，学会における研究報告を行うだけでなく，私達の研究成果を一冊の書物にまとめようという空気が強くなった。そうなると，誰もが緊張感を一層募らせて，さらに研究を深化させていった。

　もっとも，いざ出版するとなると，どこの出版社に依頼しようか，果たしてこういう類いの研究書を引き受けてくれる出版社があるだろうかと，いささか心配になったが，かねて懇意の萌書房の白石徳浩氏が名乗り出て下さり，この問題は氷解した。あとは各メンバーが締め切り日を守って書くだけになった。こうして出来上がったのが本書である。

　書名は『庶民金融論』という，いささか古めかしいものにしたが，内容の半分近くは消費者金融会社に関するものであるため，副題として「消費者金融を学ぶために」を加えることになった。もっとも，本書は7人の執筆者がそれぞれ自由にテーマをえらんで論じているだけに，必ずしも主張や論点が首尾一貫しているとはいい難く，読者諸賢のご批判に甘んじなければならない個所もいくつかあることを申し添えておきたい。

　最後になってしまったが，本書の企画段階から有益な助言を頂きながら出版に漕ぎつけて下さった，萌書房の白石徳浩氏には，改めて感謝申し上げる。

2005年3月

編者一同

■ 執筆者紹介（執筆順，＊は編者）

＊神木良三（かみき りょうぞう）
1931年生まれ。大阪外国語大学卒業。現在，大阪商業大学・龍谷大学非常勤講師。『株式市場への公的介入―市場原理 対 政策論理』（単著：千倉書房，2001年），『証券上場理論の展開』（単著：晃洋書房，1989年），『現代日本の金融取引入門』（編著：晃洋書房，2005年）他。〔はじめに，第Ⅰ部第1章〕

＊杉江雅彦（すぎえ まさひこ）
1931年生まれ。同志社大学大学院商学研究科修士課程修了。エンリコ・マッティ・スクール応用経済学コース修了。現在，同志社大学名誉教授，奈良県立大学非常勤講師。『証券に関する十二章』（単著：萌書房，2001年），『増補 投資と先物取引の理論』（単著：千倉書房，1989年），"ウスラ"をめぐる中世ヨーロッパの貨幣観」『同志社商学』（第56巻第2・3・4合併号）他。〔第Ⅰ部第2章，おわりに〕

伊東眞一（いとう しんいち）
1959年生まれ。同志社大学大学院商学研究科博士課程(後期)修了。現在，奈良県立大学地域創造学部教授。『消費者金融システム論』（単著：晃洋書房，2000年），『証券論15講』（共著：晃洋書房，2003年），『入門 現代の金融取引』（共著：晃洋書房，2002年）他。〔第Ⅰ部第3章〕

＊片山隆男（かたやま たかお）
1945年生まれ。甲南大学大学院社会科学研究科経済学専攻修士課程修了。現在，大阪商業大学経済学部教授。『消費の経済分析―消費社会のミクロ経済学的解明―』（単著：勁草書房，1996年），『ミクロ経済学』（共著：八千代出版，1993年），『寡占産業の経済学』（共著：勁草書房，1989年）他。〔第Ⅰ部第4章〕

中泉康人（なかいずみ やすと）
1961年生まれ。同志社大学大学院商学研究科博士課程(後期)修了。京都みやこ信用金庫，アイフル㈱経営企画部を経て，現在，二井税理士事務所勤務。『アジアNIEsの金融・証券市場』（共著：晃洋書房，1991年），他。〔第Ⅱ部第1章〕

外島健嗣（そとじま けんじ）
1969年生まれ。近畿大学大学院商学研究科博士後期課程単位取得。現在，岐阜聖徳学園大学経済情報学部専任講師，近畿大学非常勤講師。『証券論』（単著：近畿大学通信教育部，1996年），『現代日本の金融取引入門』（共著：晃洋書房，2005年），『証券論15講』（共著：晃洋書房，2003年）他。〔第Ⅱ部第2章〕

柳井香織（やない かおり）
1968年生まれ。同志社大学大学院商学研究科博士課程(後期)修了。現在，京都学園大学・大阪商業大学非常勤講師。『現代日本の金融取引入門』（共著：晃洋書房，2005年），『証券論15講』（共著：晃洋書房，2003年），『現代アメリカ経済研究』（共著：晃洋書房，1995年）他。〔第Ⅱ部第3章〕

庶民金融論──消費者金融を理解するために──

2005年5月30日　初版第1刷発行

編　　者　片山隆男・神木良三・杉江雅彦
発行者　白石徳浩
発行所　萌　書　房
　　　　〒630-1242　奈良市大柳生町3619-1
　　　　TEL（0742）93-2234 / FAX 93-2235
　　　　[URL] http://www3.kcn.ne.jp/~kizasu-s
　　　　振替　00940-7-53629
印刷・製本　共同印刷工業・藤沢製本

©Takao KATAYAMA, 2005（代表）　　　Printed in Japan

ISBN4-86065-018-2